津波と瓦礫のなかで

東日本大震災
消防隊員死闘の記

南三陸消防署・亘理消防署・神戸市消防局
＋川井龍介＝編

旬報社

震災の事実を伝えることで、今後の災害予防に少しでも役立てることを願うとともに、震災で亡くなられた方々のご冥福を心よりお祈りします。

宮城県・南三陸消防署
宮城県・亘理消防署
兵庫県・神戸市消防局

はじめに――津波と瓦礫のなかで

「3・11」の地震発生と同時に、被災地の地元消防はもとより全国の消防が、救援・救助をまつ人々のもとへと向かった。津波と瓦礫のなかで、消防隊員は現場でなにを見て、どう活動し、そしてなにを思ったのか。本書は、家族の安否を気遣い、自宅を失うなどしながらも活動をつづけた被災地の消防隊員と、かつて同様の苦難を味わい、今回の震災では応援に駆けつけた兵庫県の消防隊員の記録であり思いの集積である。

大規模災害や特殊な災害が発生したとき、被災地の消防機関だけではとても対応できないのはいうまでもない。消防機関自体が被災しているため、近隣をはじめとして災害の規模によっては遠方からの応援もまた必要になる。

これを如実に証明したのが、一九九五年の阪神・淡路大震災だった。このときの事態を教訓に、同年七月に創設されたのが、全国の消防機関によって組織される緊急消防援助隊である。いざというとき、地域を越えて被災地の消火・救援活動にかけつけるのが使命だ。

東日本大震災では、消防庁長官の指示による初めての緊急消防援助隊が派遣された。被災した岩手、宮城、福島の三県を除く全国四四都道府県からの消防隊が被災地に向かい、その数は被災およそ二ヵ月後には約七五〇〇隊（うちヘリ五八機）、約二万八四〇〇人にのぼり、全国の消防職員の六分の一に相当した。

日ごろは自分たちが暮らす地元の人のために活動するのが消防隊員だが、このときは被災地のために、被災地の消防や同じく各地から派遣された他の消防と協力して活動した。被災地では庁舎や資機材を失うなど、消防自体もまた被害を受けていて、殉職者も出るなど精神的にも署員は消耗していた。

震災で死亡あるいは行方不明になった消防職員は合計で二七人にのぼり、そのうち岩手県内で八人、宮城県内で一九人となっている。消防署庁舎が津波に襲われた南三陸町では九人の消防職員が犠牲になった。また、消防団員では二五四人もの死者・行方不明者が出ている。

家族を失ったり自宅を流されたりしたものも数知れない。それでも当たり前のことだが、消防隊員は活動しなくてはいけない。消防力は衰退し、気力・体力も限界にきたとき、全国からの応援は涙が出るほどうれしかったし頼もしかったはずだ。

一方、日本全国から集結した各消防隊は、なんとか役に立ちたいという気持ちで協力をおしまなかった。なかでも神戸市を中心とする兵庫県隊には応援にあたって特別の感情があった。かつて阪神・淡路大震災で全国の消防に助けてもらったという経験から、〞恩返しをしたい〟という強い気持ちがあった。

その兵庫県隊が出動指示を受けて最終的に向かったのが、宮城県の太平洋岸南端に位置する亘理郡山元町と反対に北端に近い本吉郡南三陸町だった。兵庫県隊はここで、亘理消防署山元分署（亘理地区行政事務組合消防本部）や南三陸消防署（気仙沼・本吉地域広域行政事務組合消防本部）と連携して活動した。

このときの体験をのちに神戸市消防局では、記録として残すために隊員から手記を募り、昨年、同消防局が監修する情報誌『雪』で発表した。また、同様に応援先の山元分署と南三陸署で当時活動した地元隊員からも手記を募り、同誌で掲載した。これらの手記をもとに編集したのが本書である。

思い起こせば一七年前、阪神・淡路大震災で、神戸市消防局は消防隊員の手記を『雪』で掲載し、のちに『阪神大震災　消防隊員死闘の記』として編集し、九五八月に労働旬報社（現在の旬報社）より出版した。そこには、想像を絶する被害を前にしての苦闘の様や痛いほどの無力感がにじみ出ていた。そして今回もまた手記を寄せた多くの消防隊員が、想定外などというひと言ではすまされない破壊と被害を目の前に悪戦苦闘し、同時に限られたことしかできなかったことに無力感を覚えていた。

巨大災害を前にしては当然だろう。だが、できなかったことがたくさんあった一方で、消防・消防団、自衛隊、警察、役所をはじめ一般の人々まで、多くの人の助け合う力があったからこそ救われた命もまた数多くあった。その意味で無力どころか絶大な力となったことも確かである。

なにができて、なにができなかったのか。宿命としてわれわれは自然を前にして災害から逃れることはできない。どんな形をともなってくるかはわからないが、これからも大地震をはじめ必ず災害はやってくる。そのとき、いかに被害を少なくするか、どう対応したらいいのか。

災害現場をもっとも身近でみて、救援活動にあたった消防隊員の手記は、災害と救助の実態を記録として残し、次に備えるという意味で価値があり、また、見方を変えれば生き残ったものの使命の表われの一つではないだろうか。

なお、手記は地震発生から数ヵ月後に書かれたもので、執筆者の肩書、年齢はその時点のものである。

東日本大震災●消防隊員死闘の記――もくじ

亘理消防署

神戸市消防局（兵庫県隊）

兵庫県隊陸上部隊活動場所地図

東日本大震災●消防隊員死闘の記

南三陸消防署

宮城県の北東部、太平洋岸に位置する南三陸町は、三方を標高300～500メートルの山に囲まれ、沿岸部は海と陸の入り組んだリアス式海岸となり、南三陸金華山国定公園の一角を形成している。2005（平成17）年に志津川町と歌津町が合併して現在の南三陸町となった。東西、南北とも約18キロで人口は約1万7700人。夏は涼しく冬は雪が少ない。町の中心は志津川地区で、町の産業は、水産業と製造業、建設業が中心になっている。8つの河川が注ぐ志津川湾では、牡蠣やホタテ貝・ワカメなどの養殖漁業が盛ん。同町には、南三陸消防署と同署歌津出張所があり、気仙沼市に本部を置く、気仙沼・本吉地域広域行政事務組合に所属している。

無念さを胸に過酷な状況を乗りこえる

南三陸消防署　署長　**小畑政敏**（58歳）

本圏域は、宮城県の最北東端に位置し、北は岩手県一関市および陸前高田市に位置し、南は石巻市、西は登米市および岩手県藤沢町に接した南北七〇キロ、東西一一キロの圏域で、気仙沼市・南三陸町で構成する南北に細長い形状になっている。

また、リアス式海岸特有の岩礁群や多くの島々を有する優れた海洋美を持ち、その沿岸部は、気仙沼市が陸中海岸国立公園に、南三陸町を含む一帯が南三陸金華山国定公園の指定を受け、圏域全体が観光地となっていた。三陸沖合は地震多発地帯で、リアス式海岸特有の地形として湾奥に入ると急に浅くなり、津波が襲来すると急激に海水は膨れ上がり、すさまじい大津波となってしまう。

過去の三陸沿岸の大津波災害でも、明治二九（一八九六）年の明治三陸地震津波の死者一二四〇人（志津川）、昭和八（一九三三）年の昭和三陸地震津波の死者八七人（同）、同三五（一九六〇）年のチリ地震津波の死者四一人（同）と甚大な被害を受けている。

気仙沼・本吉地域広域行政事務組合に所属する消防職員は、全体で一七九人。消防本部をはじめ気仙沼消防署（管轄に分署一、出張所三）、南三陸消防署、南三陸消防署歌津出張所で、面積四九七平方キロメートル、三万一〇〇〇世帯、九万一一五五人の生命、財産を守っていた。この震災での被害は、消防職員の死者・行方不明者一〇人、施設では庁舎が消防署一、出張所二全壊、消防車両三台（指令車、広報車、作業車の各一台）、消防艇一艇である。

南三陸町の二〇一一年二月末日の人口は、一万七六六六人、世帯数は五三六二で、東日本大震災の被害状況は、二〇一一年一一月末日で死者・行方不明者が八六八人、建物の被害は三三二一一戸で罹災率が六二％になっている。

三月一二日、震災直後から情報が途絶えた南三陸町の情報収集と職員の安否確認のため消防本部次長と当時予防課長だった私の二人は午後一時、広報車で気仙沼の消防本部を出発した。通常の交通路は津波で被災したため岩手県一関市経由で南三陸町に向かった。

午後三時、南三陸町入谷地区公民館に到着すると、地区住民が自衛隊と共に炊き出しをして各避難所に配送するなど避難者の支援活動を必死になっておこなっていた。公民館職員から町の災害対策本部の情報を聞き取り、国道三九八号を市街地に向け南下すると、海から三キロも離れた小森地区が瓦礫で埋め尽くされ津波のもの凄さを直感した。また、国道は重機によって人がようやく通行できる程度に開放されていた。

　市街地は通行不能のため狭い山道の迂回路を通って町の災害対策本部が設置されている南三陸町総合体育館に向かった。悪路のため夕方五時ごろ到着した。電気、水道、通信手段などライフラインのすべてが破壊された体育館は避難している人たちでごった返していた。厳しい寒さのなか、着の身着のままで避難した住民は、体を寄せ合い、少ない毛布にくるまりながらおにぎり一個とコップ一杯の水を震える手に持ち、寒さと空腹をしのいでいた。

　三月一三日、緊急援助隊（京都・兵庫・鳥取県隊）が南三陸町に入るという情報をうけて一三日早朝、入谷合流地点に出向した。消防車両五〇台余りが連なる様相に心強さと頼もしさを感じ涙した。

　県隊長に南三陸町の惨状や孤立状態にある地区の情報、さらに一次避難ビルや公立病院屋上に取り残された住民を自衛隊ヘリで救出した状況等を説明しながら九人の署員が行方不明になった旧消防庁舎のある市街地方面に徒歩で向かった。

　途中大勢の人が安全な地区を目指して瓦礫の中の道路を避難していた。住民に「大丈夫ですか、救出を求めている人はいませんか」と、声をかけながら進んだ。途中たびたび余震が発生し、その都度山林、高台に退避するなど落ち着かない検索活動が続いた。

災害対策本部は、次長中心に避難ビルの人命検索を優先に対策を講じた。兵庫県隊長からは、阪神・淡路と違い、津波の破壊力が凄いが、少しでも生存している可能性を信じて活動することなどの話し合いが持たれた。京都府隊、鳥取県隊は戸倉方面の人命検索を限りなく続けた。災害対策本部長からは、あなたたちは人命救助のプロですが遺体収容にも一役担ってくれませんかと話しがあり、建物内や瓦礫の中の遺体をブルーシートで包み警察・自衛隊に引き継ぐ活動をおこなった。

遠くから徒歩で駆けつける人、船で来る人々の話で各避難所の深刻な状況が報告された。寒さをしのぎ、物資の不足もしのぎ、総合体育館の狭い事務室で物事の対応に追われた。職員も緊急援助隊の誘導、道案内や遺体収容などで分散された活動になった。

警察から消防職員の遺体発見の悲しい知らせが入ってくる。消防本部と家族に知らせる。遺体と対面する職員の辛さや悔しさを誰にもぶつけることができない、無念さだけが残る。だが悲しみに浸ってばかりはいられない。今、この過酷な現状を乗りこえないといけない、踏ん張るしかないと午後七時からその日の活動報告、次の日の行動を確認しながら解決に向けて進んだ一週間だった。

自分自身、四月一日の人事異動で南三陸消防署長を拝命した。殉職した職員の遺志を引き継ぎ、住民の安全・安心な暮らしを守る仕事を志した一人の人間として、命の大切さ、尊さを受け止めながら「一生懸命生きる力」、「最悪の状況を想定した、とっさの判断力を磨くための知識の吸収」、「お互い助け合う力・支え合う力」を理念に、消防から住民に〝元気印〟を発信したい。そして、さまざまな課題解決に向け力強く歩むとともに、厳しい環境や現実に立ち向いながら海と山に囲まれた美しい自然を取り戻し、南三陸町の復興支援にも取り組みたい。

我々はどこまで命を張るべきなのか

南三陸消防署　**遠藤貴史**（35歳）

三月一一日一四時四六分、私は少し高台にある志津川小学校の下にあるグラウンドの駐車場に車を止めて一年生の長女の帰りを待っていた。地震を感じ「強い」と思い、車から降りると長女が少し離れたところに立っており、抱き寄せて地震をやり過ごした。近くでガラスの割れる音や体感震度から津波を連想した。「宮城県沖地震」、「津波まで約二五分」……。今までに聞いた津波の講演、知識、自分が指導してきたことが頭の中をめぐった。すぐに高台にある妻の実家に向かい道路で待っていた妻に長女を託し、渋滞する国道四五号を南三陸消防署へ向かった。すでに高台へ避難する車両でごった返していた。

南三陸消防署に到着すると当直隊は警戒広報に出ており、署内には非番で駆けつけた職員等一四人がいた。テレビには釜石市の市街地に津波が入ってくる様子が映っており、消防署にある九ヵ所の水門操作システムのカメラは、いくつか破壊され画面が黒くなっていた。間もなく町の中央を流れる八幡川の水門も越水が始まり凄い勢いで町内に浸水してくる様子が映し出され、とてつもない恐怖を感じた。

職員のうち私を含め六人は、高台にある旭ヶ丘団地に消防車両を上げ、他の職員は国道を下って来た車を町中に行かせないよう誘導するものと通信勤務に分かれた。旭ヶ丘団地に車を停め、振り返えると市街地は川のようになっており、消防署は二階の窓の八分目まで浸水していた。想定外なんてものではない。何分間か、なす術もなく見守っていたが、あちこちから救助要請があり、流出家屋と瓦礫の上を救助に向かった。

住民が、流されてきた家屋の中にいる人を助けようと素手で屋根をはがしていたので、ノコギリ、バール、チェンソーを団地から集めてくるよう依頼し、高台からの津波監視も依頼した。一度水位の変化があり、流出家屋の中の要救助者に「必ず戻って来るから」と声をかけ、土手の上に退避したが、それ以上水位の変化はなく、約三〇分後に夫婦を救出した。すぐに「もう一人いるから手伝ってくれ」と声がしたので救助にあたった。まだ、現場を見れば見るほど要救助者がいてもおかしくない状況だった。

このときふと、「9・11」のときの「サイレント・タイム」を思い出した。あのとき、ビルの倒壊現場では重機を止めて静寂（サイレント・タイム）をつくり、生存者がいるかどうかを確認した。とにかく一度静かにして家屋の下からの声を拾おうと思った。

「誰かいないかー」。するとまた声がするのが聞こえた。流されてきた家の中に女性が二人いた。一人はかなり高齢のおばあさんだ。近くの工場からはしごを借りてきて山肌伝いに下ろして、ふとんを屋根の上に敷いた。そこにおばあさんに座ってもらい、なんとか救助することができた。結局、日没までに一〇人を救助することになった。

救助活動終了後、男性から「今夜が予定日の妊婦がいる」と相談を受け、その妊婦を訪ねた。救命士であることを伝え、近くのコミュニティーセンターからお湯とハサミと消毒液だけは確保することができたし、顔見知りの看護師さんもいたので安心した。

ひと山越えた東の空が赤く、火災と思われたが、どうすることもできなかった。南三陸町はいくつにも分断され、それぞれが陸の孤島になっていた。雪も降ってきて、最悪の夜だった。

一二日は夜明けとともに歩いて山を越え志津川高校に向かった。高校には約五〇〇人の避難者と、すでに数人の遺体が安置されていた。外に出ると自衛隊ヘリが低空飛行しており、校庭に白く書いた「ＳＯＳ」が効を奏したのか真っ先に降りてきた。一回目は重症の高齢者四人を搬送、二回目以降の搬送も確約し、昨夜の妊婦を応急担架で搬送した。

長女の同級生Ａちゃんの母親が泣き崩れていたので話を聞くと、小学校に娘たちを迎えに行くと四年生のお姉ちゃんはいるがＡちゃんの所在はわからないとのことだった。地震は、心配されていた小学校の下校時間に発生し、何人かの小学生が登下校の坂を下った後だったが、先生たちが追いかけ学校に連れ戻していた。生徒は学校で一夜を明かし、夜明けとともに家族が迎えに行った。南三陸町で小学生の犠牲は二人、地震が三〇分遅かったらもっと大変なことになっていたと思う。後でAちゃんがお父さんに手を引かれて歩いていたのを見つけたときには涙が出た。

午後になり、林道を通り志津川小学校経由で災害対策本部に向かった。初めて通る林道だったが、多くの往来があり、林道整備の重要性を感じた。志津川小学校で校長先生と面会し、昨夜は約五〇〇人の小学生と避難者が飲まず食わず、毛布もないなか一夜を明かしたと聞いた。その夜も相当数の子どもと避難者が泊まることになるので、毛布と食料が欲しいといわれた。

そのためにはヘリコプターが降りやすいようにした方がいいと考え、校庭にあったサッカーのゴールポストを移動し、校庭を広く空け、ラインカーで「H」マーク、「SOS」、「毛布、食料、子ども多数」と、書くようアドバイスしてから災害対策本部に向かった。災害対策本部で小学校へのヘリの出動を相談したが、災害対策本部のあるベイサイドアリーナにも二〇〇〇人を超える避難者がおり、他の避難所まで手が回る状況ではなかった。

一三日からは救急搬送が主な仕事になり、病院と避難所をピストン搬送した。数百人の避難者を看護師一人で診ている避難所もあり、高血圧薬、糖尿病薬、人工透析、在宅酸素を必要とする方たちが深刻な状況だった。そのようななか、緊急消防援助隊の救急車が列をなして南三陸に入ってきたときには涙が込み上げた。

今回の津波で職員八人が犠牲になり、いまだ二人が行方不明、組織としても最悪の事態となった。一分前まで一緒に仕事をしていた仲間が見えなくなってから現在まで、消防の責務について考えない日はない。我々はどこまで命を張るべきなのか、職員すべてが納得のいく活動マニュアルを作成することが我々の義務だと思う。

一〇〇〇人を超える死者、行方不明者が出た南三陸に対してこれから私たちがすべきことは、ゼロから今度こそ安心安全な南三陸を作ることだと思う。今後、どのように土地が変わり、家屋が移動するかわからないが、今回の津波を経験した私たちが基準を作り、子どもたちに安心安全な南三陸を引き継がなければならないと考えている。

生死の分かれ目となった活動

南三陸消防署　遠藤君男（34歳）

地震発生時、休日で町内のサンポートというショッピングセンター一階にいた私は、急いで店外に出て駐車場に避難したものの、揺れはおさまらず建物も車も左右に大きく揺れながら「ギシギシ」と音が鳴った。ついに宮城県沖地震が来たと確信し、これは署に行かなくてはいけないと思い、揺れが収まらないうちに車を発進させた。町中では、車も信号機もすべて止まっていた。

いったん自宅に戻ると、母親と二歳の娘が庭で毛布にくるまっていた。私は必ず津波が来ると感じ、長丁場になると思ったので余震が続くなか部屋に入り、ありったけの着替えをバックに詰め込んだ。そのころ、町の防災無線が大津波警報の発令を知らせ、六メートル程度の津波が予想される、と放送したのを記憶している。

普段通いなれた道は海岸沿いもあり、混雑も考えられるので、山道を通ることにした。しかし、大地震の後で崖崩れなどの道路状況を考え、自分のワゴン車から妻の小さい車に乗り換えて向かった。途中消防署の裏側の高台にある旭ヶ丘団地を走行中、多くの避難住民とすれ違い「よし、いいぞ」と思った。南三陸消防署では、各地区に担当を決め地震・津波防災について指導をおこなっていた。この旭ヶ丘地区と廻館《まわりだて》地区は私の担当地区でもあった。

署に到着すると二階の事務室には誰もおらず、書類や机の上のものが床に散乱し、通信室に行くと非番員が何人か駆けつけていて、発電機が作動し、テレビと水門監視装置は正常に観ることができた。テレビでは岩手県釜石市の河口に津波が押し寄せてくる映像が映し出され、全員が「間違いなく来る」と確信した。

まもなく、水門監視モニターの九ヵ所の画面映像が、次々と消えていった。最後の水門の映像で閉鎖された水門の上から波が入り込んできたのを確認し、これまで経験したことのない大きな津波と直感した。まだ移動していない消防車両を私たち若い職員数人で後ろの高台（旭ヶ丘）に移動するよう命令された。これが私たち署員の生死を分ける命令となった。

車両を移動し終わり署に戻ろうと坂を走り下ったところで、他の職員が駆け上がってきて「駄目だ、津波が来たから戻れない」と言われた。信じられずに二人で消防署が見えるところまで移動すると、すでに消防署の二階の半分まで浸水して、残った職員も確認でき

引き潮で海底が見えている志津川湾

なかった。そこから見た景色は、津波というよりも大きな川が逆流しているような感じだった。

想像をはるかに超えた津波だったので、さらに大きな第二波、第三波が来ないとも限らないので、高台に避難した人たちをさらに山の方へ避難誘導した。その後、本部や他の職員への連絡手段がなく、個人への無線の配備が重要と感じた。夕方になり雪が降り積もるなか、旭ヶ丘の隣にある高校に避難者は集まっていたので、毛布、衣類、食料を高校生や若い人たちで協力し、旭ヶ丘から何度も山を越えそこへ搬送した。次に、旭ヶ丘からの道路を確認すると、流れ着いた瓦礫が多量で通行できず、裏道を探索するうちに目にした光景に愕然とした。家屋は一軒もなく、道路も破壊されていたのだ。

夜が明けてからは地元の消防団に、昨夜確認した道路の状況を伝え、重機を使用し国道に抜ける道を修復するよう依頼し、それからは旭ヶ丘の集会場から妊婦やけが人を住民と応急担架を作り高校まで搬送、自衛隊のヘリで病院へ搬送した。高校には私と職員がもう一人だけ残り活動することになり、高校生に手伝ってもらい瓦礫の中から薪を拾ってきたり、旭ヶ丘から食料を運んだりした。

そのさいにも津波襲来の情報が入るたびに拡声器を使い、低地で活動している人たちに避難を呼びかけた。午後には私一人だけ残り活動した。三日目も、体調の悪い人を高校まで搬送したりした。そのころには区長を中心に、炊き出し班、物資調達班など役割ごとに行動し、簡易トイレを作成したり、高校までの道を整備するなど自主防災組織の型ができ上がった。午後には自衛隊が食料等を搬送し支援しているのを見て、心強さを感じた。

四日目、災害対策本部のあるベイサイドアリーナに徒歩で向かい、その日のお昼ごろ着いた。その途中各避難所をまわりながら、避難人員と必要な物資など情報を収集した。久々に見る消防車と仲間たちの顔がありホッとした。それからは署隊として活動したが、火災では水道が断水しているため、消火栓が側にあるにもかかわらず使用できないという悔しい思いもした。これほどの大規模の災害では個人はもちろん、一つの消防本部の力ではどうすることもできず、県内や緊急消防援助隊の多くの車両と隊員を本当に心強く感じた。

今回、同僚職員をはじめ、多くの住民の尊い命と財産が奪われた。「想定外」とはいえ、今まで指導してきた避難場所や高台が被災したことは事実として受け止め、今後の防災指導にいかさなければならず、一歩ずつでも前に進んでいきたいと思う。

今度こそ死ぬかもしれない

南三陸消防署　**須藤　亘**（33歳）

三月一一日、これまで体験したことのない強く長い地震に襲われた。非番で沿岸部の自宅にいた私は、近隣住民の安否を確認し避難をうながした後、すぐに直近の南三陸消防署に駆けつけた。

情報収集中の通信室は強い緊張感に包まれており、皆殺気立っていたのを覚えている。そのうち、水門監視モニターの映像が津波で途切れたことにより、消防署裏の高台地区へ車両を移すよう指示を受けた。この時点ではまだ「急がなければ」という気持ちが恐怖感より先立っていた。

車両を高台に移し、次の車両を移動させようと消防署に戻ろうとしたさい、付近の住民が騒いでいるのに気がついた。下を確認すると、ついさっきまであった消防署が濁流に飲み込まれており、まったく近づけない状態になっていた。ほんの数分前まで一緒だった隊員たちの安否は不明で、奇跡的なタイミングで車両を高台に移動させていた四人だけが生き残った。

恐怖と絶望感で足が震えた。「何が何だかわからない」、「どうすればいいのか」。体が動かず、しばらくその場に立ちつくした。一緒にいた隊員が「まるで地獄だ」と口にした言葉が今でも忘れられない。その後は不眠不休で、まともに食事も摂れない状況での救護活動に追われる日々だった。

いつまた波が押し寄せるかわからない状況での家屋からの救出作業、何度も山を越えての傷病者搬送、建物に取り残された人たちの救出へ向かったのも大津波警報発令中のことだった。「今度こそ死ぬかもしれない」。何度もそう思った。しかし、「自分たちがやらなければ」という使命感だけで恐怖心を押し殺し、活動を続けた。

自宅は流され実家も被災し帰る場所もない、家族の安否もわからない。もはや忙しさに身を置くことでしか不安を打ち消すことができなかった。ようやく家族の安否も確認でき、物資搬入による食糧確保もなされてきたころ、出動から戻ったら物資のパンが届いていた。久しぶりに口にするまともな食事。口に含んだとき思わず涙が出た。「自分は生きている」。

ようやく実感できた瞬間だった。その後も、何度も目にする仲間や身内の遺体に涸れるほど涙を流した。地震から数ヵ月が経ち、町も復興に向け歩き出している。自分たちもいつまでも被災者ではいられない。業務や生活のレベルを早く以前のように戻すことを求められているのも、亡くなった仲間の分まで復興に尽力していかなければならないことも十分わかっている。

しかし、これまで町の安心安全のために築きあげてきたものが一瞬で消え去った無力感は正直大きい。いくら努力しても、またそれが無になってしまうのではないかという不安は拭えない。だが、立ち止まるわけにはいかない。前に進み続けていないと気持ちを保てないかもしれない。「俺は消防官だ」。そう自分にいい聞かせ、気持ちを奮い立たせる。

生き残った者の義務として、この災害で体験したことをこれからの防災にいかし、未来へ伝え続けていかなければならない。「防災」を「忘災」にしないためにも。

自宅を流され、地元で住民を避難誘導

南三陸消防署　及川　孝（36歳）

震災当日私は非番で、外出先から帰宅して間もなく地震が発生した。自宅は、海のすぐ近くにあり、八年前に自分が建て替えたばかりだった。これまで経験したことのないような巨大な地震で、まともに立っていることができず、壁に寄りかかり地震がおさまるのを待っていたがなかなかおさまらなかった。二階には妻と風邪で保育所を休んでいた五歳の長女と二歳の次女がいた。一緒に暮らす母は仕事に出ていた。

このままでは二階にいる三人が危ないと思い、まだ激しい揺れは続いていたが、階段の手摺りを握りしめ二階へと駆け上がった。ドアを開けると妻が娘たちの上に覆い被さり、地震がおさまるのを必死に耐えていた。「津波が来る。すぐ避難しよう」と言いながら私は、上の娘を抱き上げ妻は下の娘を抱き上げ一階に下りた。妻の車に娘たちを乗せ、高台にある伯母の家に行くよう妻に話し先に避難をさせた。

私はブレーカーを下げたり、火の元の確認をしたあとで避難を始めた。道路から辺りを見るとまだ避難をしている人はいなかった。また、家の近くを流れる川の水が勢いを増して下流に向かって流れており、河口付近の海底も見えはじめ引き潮が確認できた。津波が絶対来ると思った。急いで近所の家に駆け込み避難を呼びかけた。留守の家、避難を始めようとしている家、まだ家の中にいるところ等さまざまだったが、引き潮が見えたことを話すと、みな避難を開始してくれた。避難の途中高台にある親戚の家でワカメの仕事をしていた母が上から下ってきた。母にも津波が来るから避難しようと話し、母はその場でUターンして下ってきた坂を引き返した。

その後、伯母の家で妻たちと合流し高台から海の様子を見ると、まだ避難をしていない人が何人もいた。消防署に向かうのは、地域の人を避難させてからだと思い、上ってきた坂を走って下った。そして避難誘導をして何度も坂を上り下りしていると、引き潮だった潮の流れが上げ潮に変わった。

波は白波をたてザブンと来るいつものものとは全然違っていた。黒く底から渦を巻きながら迫って来る感じがして、みるみるうちに潮位は増し、防潮堤で止まってくれればという微かな願いも無惨に蹴散らし、あっという間に防潮堤を乗り越え、沿岸部に建てられていた家をいとも簡単に押し流してしまった。まるで映画のCGでも見ているようだった。近くの人がチリ津波のときはお寺の下で波は止まったし家も流されなかったと話していたが、この瞬間、今回の津波は全然違うと思った。

5月9日の南三陸町志津川。左上が志津川湾、右高台に志津川小学校。

お寺よりも低い場所にあった、町の指定避難場所になっていた生活センターに避難をしたり、車を停めたりした人がいたので数人で手分けをしてさらに高台へ避難を促した。ある高齢のおばあさんも上り坂を津波に追われるように避難していて、波がすぐ後ろまで迫っていた。私は地元の消防団員と二人で駆け寄り、両脇から抱きかかえ待機していた軽トラックの荷台におばあさんを乗せた。

私が住んでいた地区は、低い沿岸部の地域と急な坂を上った高台の地域に分かれていて、上り坂に来れば波のスピードもそれほど早くなく、このような避難や救助ができたと思う。しかし、平坦な地区でこのように「津波が来たら避難しよう」というスタイルでは絶対に助からないと思うし、このおばあさんもきっと助からなかったのではないかとあとから思った。

津波はその後も陸地に押し寄せ、生活センターを押し流し、チリ津波のときに浸水しなかったお寺も完全に水没させ、地区の中腹付近まで押し寄せた。私の家もすっかり流された。一時は地区全体が津波に呑み込まれるのではと思えるほどの勢いだった。高台へ避難してから間もなくして、隣接する地区が全滅という情報が人伝いに聞こえてきた。そして地区の反対方面へ行く橋も津波により崩落して私の地区は孤立状態となった。

空からは冷たい雪。傘もささず繰り返し押し寄せる波の様子を見ている人、寒さに耐えきれず車の中で暖をとる人、行方が分からない家族を心配する人等さまざまだったが、子どもも大人もみな不安な表情をしていた。日も落ちはじめ辺りは薄暗くなってきた。私はその日の署への駆けつけをあきらめ、行政区長らと共に地区の人たちの安否確認をおこなった。夜中までには、一部の人を除き安否を確認することができたが、安否が分からない人のなかには、避難するときに車ですれ違った伯父と伯母も入っていた。

携帯電話で何度も消防本部や署員に電話をかけたりメールを送信したが、連絡を取ることはできなかったので、私は夜明けを待って徒歩で南三陸消防署へ向かう旨家族に伝え出発した。隣の地区は、全体が平坦な地形だったので家という家はほとんどが流され、残っていた家も浸水によりほとんど損壊していた。流された家と家の隙間を進みガレキの山を乗り越えながら南三陸消防署へ向かった。途中もしかしたら署隊は、高台にあるベイサイドアリーナにいるかもしれないと思い、立ち寄って見ると南三陸消防署のタンク車と救急車が停まっていて隊員のみんなと合流することができた。

着の身着のまま避難したので、自分の装備品は何一つなく、三月の末に勤務地だった気仙沼署から自分の装備品が届くまではジャンパー、ジーパン、運動靴で活動をおこなった。火災現場では、ホースは延長できたがその後の消火活動はできず消防団への伝令をおこなった。断水のため消火栓がつかえない状態だったので貯水槽から何十本もホースを延長し消火活動をおこなった。

今回の震災で多くの同僚、先輩が亡くなり、同級生も亡くなった。友人の奥さんも、そして親戚の伯母も亡くなった。伯母は私が高台へ避難する途中、伯父と二人で坂を下ってきた。すれ違うとき「津波が来るから避難して！」と二人に叫んだら、二人は「うん」と頷きながらも海の方へ行ってしまった。ワカメの仕事で使う道具を片付けに行って津波に遭遇し、避難したが間に合わず流されてしまったと後から伯父に聞いた。無理にでも止めればよかったと悔やんだ。

南三陸町は昭和三五（一九六〇）年に発生したチリ津波や、近い将来発生が予想されている宮城県沖地震に備え町民が一体となった防災訓練をチリ津波が襲来した五月二四日にあわせておこなってきた。そして我々消防も、各署所に地震津波安全対策担当を配置し、各署員にも担当する行政区を割り当て指導をおこなう等、死者ゼロを目指した取り組みを総力を挙げておこなってきた。

その取り組みのなかのひとつに防災マップがあり、そこには予想される津波の浸水区域が記載されていた。各行政区への指導も、そのマップを使用しおこなっていたし、我々署員の頭の中には地面の上に道路の白線が引かれているかのごとく浸水区域の境界線が刻まれていた。震災前はあまり気付くことはなかったが、被災した場所から海の方を見ると、沿岸部からかなり離れた場所であっても海面との高低差があまりない地域が多いことに気付かされた。私は、今回の津波で心に刻まれたさまざまな思いを生涯忘れずに生きていくのだと思う。

警戒広報のさなか津波に出合う

南三陸消防署　**阿部伸洋**（23歳）

三月一一日、私は通常どおり勤務していた。防火対象物の立入検査を終え、消防署に戻って間もなく、宮城県沖で地震が発生した。今までにない大きな揺れを感じ、慌てて窓やドアを開けて避難路を確保すると、棚の上の書類や机の上の物が床に散乱した。

車両を車庫外へ出し、住民への警戒広報の準備をしてポンプ車に乗り込み二人で消防署を出発した。地震の影響で町内は停電、信号機も稼働していなかった。町の防災広報では六メートルの津波が予想されると知らせており、その広報を聞いて海岸を見ると、いつの間にか海の水が二メートルほど引いていた。

それから海岸を見るたびにどんどん水が引いていった。次に防災広報を聞いたときには津波の高さは一〇メートルとなっており、このままでは私たち自身も危険だと感じ高台に移動し、海面の監視をおこなった。その数分後、目測でおよそ七メートルの津波が襲来したのを目撃し、南三陸消防署へ無線で報告した。そのときの「了解」という声を聞いたが、第二波の襲来の連絡をしたときはもう南三陸消防署とは連絡が取れなくなった。

被災した南三陸消防署

その後、私たちは周辺の被害状況の確認にあたった。ほとんどの家屋が全壊、道路も決壊し車両での通行は不能、取り残された家屋を視認しても目の前は海水が溜まり、近づくこともできなかった。私たちは被災していない避難所の状況を確認し、車両内で海面を監視し、気仙沼の消防本部と現場に出ていた南三陸消防署各隊との無線中継をしながら、戻るのも危険と感じて出先で夜を明かした。

翌日、私たちは徒歩で災害対策本部と決まったベイサイドアリーナへ向かうことを決め、ポンプ車を付近の消防団員に任せて出発した。まだ大津波警報が継続して発令されていたため、いつでも高台に避難できるように低所では山に沿って移動した。

かなり時間がかかったが、あの大津波を目の前で見た後では当然の判断だった。また、その道程で見た光景は、橋が流されたり流された家が道路に乗っかったり、とても現実のものとは思えなかった。集落は壊滅し、流されてきた家が道を塞ぎ、ところどころで遺体を確認できた。それを間近で見てもまだ夢を見ているような気分だった。

七時間以上かけてベイサイドアリーナに到着してからは、自衛隊、緊急消防援助隊の協力の下、逃げ遅れ者の救出や、救急対応に追われた。一日一日が慌ただしく、とても早く過ぎていったように思う。

気づけば震災から五ヵ月以上が過ぎ、瓦礫も撤去され、着々と復興に向かっている。私はこの震災の傷跡を忘れることなく、住民のため、家族のため町の復興に助力していきたい。

形がなくなった故郷を歩き回る

南三陸消防署歌津出張所　阿部洋輔（21歳）

三月一一日、今までに感じたことのない揺れが東日本を襲った。マグニチュード9・0という日本における観測史上最大の大地震だった。沿岸部には高さ一〇メートル以上の大津波が押し寄せ、多くの尊い命を奪った。私の勤務地であり出身地でもある南三陸町にも甚大な被害を及ぼした。

この日、私はある葬儀に出席するため気仙沼の葬儀場の駐車にいたところ地震にあい、葬儀どころではなくなり勤務地の歌津へ車で向かった。しかし津波で歌津出張所方面へは行けないことがわかり、避難所になっているはずで、同じ署員も避難しているだろう歌津中学へ行った。幸い車に消防の活動服を積んでいたが靴は葬儀のときのままだった。

中学で活動をはじめたころは雪がちらついていた。避難してきた住民は家も財産もすべて流され、先がまったく見えない不安から悲しみの表情を浮かべている。電話等の通信手段は断たれ、家族の安否も確認できない。電気もガスもなく凍えるような寒さをしのぐため、ありったけの毛布にくるまってもまだ温まらなかった。

また毛布の数も十分ではなかったので、中学校の先生や生徒に相談したところ、生徒たちが中学校の校舎の窓にかかっているカーテンを外して持ってきてくれたので、それを体にかけて暖を取ることができた人もいた。当初は食糧もほとんどなかった。近くの地域の人々が炊き出しをしてくれていたが、地震から三日目くらいまでは、一日二回おにぎり一個と水だけだった。

津波が収まり水が引いたあとで、私は高台を下りて被災した地域へ行ってみた。歌津地区は商店街もまったくなくなって、どこがどこかわからなくなってしまった。その中を一日歩き回って、被害の実態など情報を集めてきた。一歩浸水区域の街並みに足を踏み入れると、明かりもなく、道を間違えそうなほど変貌していた。

数時間前までは元気だった人々がまるで人形のように地面に横たわっている状況だった。こうした人たちを中学校まで搬送し、そこで救護にあたっている近くの診療所の先生が死亡判定をされた。

今までの平凡で平和な日々を津波は一瞬でさらっていってしまった。復興までにどのくらいかかるのかまったく見当がつかない。今では避難していた住民のほとんどが仮設住宅に入居し、自立した生活に移行しつつある。震災前の平凡な暮らしを取り戻すのはもう少しだ。しかし、住民の悲しみは和らぐことがあっても癒えることはない。家族が亡くなった悲しみや、まだ見つからない不安を抱えながら毎日を過ごしている。大津波は人々の心に深い爪痕を遺した。

東日本大震災を経験した私たちは、この震災を後世に語り継いでいかなければならない。今後またこのような大災害が発生したとしても一人ひとりが自分の身を守れるよう、また、周りの人と協力し的確な行動ができるよう、消防職員として指導にあたりたい。また同じ悲しみを繰り返さないために。

「傷病者CPA（心肺停止）状態」の声

南三陸消防署　佐々木成紀（21歳）

当日非番だった私は南三陸町の自宅から隣の気仙沼市へでかけている途中で震災に遭った。車を運転していてハンドルが左右に大きく振られたことを覚えている。異常な揺れの大きさと時間の長さに「津波」がすぐに頭に浮かび、勤務先の南三陸消防署へ向かうために来た道を引き返した。海を見ながら走って、すごい引き潮だったら止まろうと思っていたが、見た限りそんなに引いてはいなかった。

国道四五号を走っていると、防災無線からは大津波警報の広報が聞こえた。パニック化して凄いスピードで走り去る車や地割れした道路を見ると気持ちが焦った。四〇分ほど経ち、南三陸町に入る少し手前で下り坂にさしかかったとき、船が道路を横切っていったのが見えた。想像していたよりもはるかに高い津波だった。

近くに山につながる道があったので車で逃げたが、途中で止まると二〇〇メートルくらい先で津波が木を倒しながら上ってくるのが見え、どこまで逃げればよいのか、と強い恐怖感にかられた。高台に避難すると地元住民が二〇〇人ほどいた。津波の襲来で、家や船がバキバキと音をたてて破壊されていく様子に、住民は泣いたり、悲鳴を上げたり、ただ呆然と見ているしかなかった。私もそのなかの一人で、津波が引いていくのを待つだけで何もできなかった。

津波が引いてから逃げ遅れ者がいないか平地へ下がると、瓦礫の中から高齢の男性が自力で這い出てきた。その様子は「助かった」という言葉も出ないほど、恐怖に満ちていた。すぐに雪が降ってきて生存者の安否がとても不安になった。津波が引いた後に自宅に戻ろうとするお年寄りがいたので、消防団とともに危険だから戻らないようにと止めた。その後は避難誘導や避難所設定をしていた消防団と、高台で居合わせた上司とともに消防団の車両で、近隣の消防署である気仙沼消防本吉分署を目指した。

「傷病者CPA（心肺停止）状態」という言葉が消防団の無線からは何度も聞こえ、これから悲惨な現場にたくさん直面するだろうと覚悟した。消防署に到着してから最初に知らされたことは、南三陸町が壊滅したことと南三陸消防署の先輩方の安否がわからないことだった。一緒に暮らす両親と祖母などの家族、消防署の先輩方の安否がとても心配で気持ちの整理がつかなかった。

二日後、自転車を借りることができ、やっと南三陸町まで戻ってきた。あまりにも変わり果てた地元の様子や先輩方の死を受け止めたくなかった。生まれ育った町なのにどこになにがあったのかがわからない。幸い父と再会でき家族の無事を知った。しかし、今回の災害で失ったものはとても多く、心にぽっかりと大きな穴が開いた。

南三陸消防署に配属されてからの一年間、三月一一日の大震災が起きるまで一緒に働いていた先輩方は私にとって、とても大きな存在だった。

消防の仕事を十分に理解していない新人の私に、親身になって厳しく指導していただいた先輩方にまだお礼を言っていない。災害で学んだことや先輩方から教わったことを今後の活動にいかし、町の復興につなげることが感謝の気持ちを伝えられる唯一の姿だと思う。今はできることを精一杯やっていこうと思う。そして何年後かに、「南三陸町はこんなに復興したのか！」と思ってもらえるように頑張ります。

消防士をやっていなければ……

南三陸消防署歌津出張所　懸田　健（36歳）

三月一一日、私は当直明けだった。帰宅後自家用車に燃料を入れるため、近所のガソリンスタンドへ向かった。天気も良く洗車もお願いし、店員と談笑していると、いきなり強い揺れが起きた。スタンドの天井が破損し、棚や展示物が倒れ、信号機が激しく揺れ、走行中の車も停車し皆一様に不安げな顔をしていた。

信号機は機能を停止。立っているのがやっとなほどの揺れが収まると、止まっていた時間が動き始めたかのごとく周辺はパニックとなった。幸い周囲の人々にけがはなく、スタンドからの火災もなかった。防災広報では大津波警報発令の放送、かねてから懸念されていた「宮城県沖地震が来た！」と直感した。幸い車は無事だったので、急いで家に帰ると、玄関に妻と次女の姿を見つけ家屋の無事も確認した。

気仙沼の自宅から勤務地の歌津（南三陸町）に向かう準備を始めたが、津波の危険がある海岸線を避けること、信号機が機能していないことなどの道路状況を考えると到着することは困難と思い、自宅近隣の出張所の支援に徒歩で向かうことにした。すれ違う人々は皆一様に不安な様子だった。集団で避難する郵便局員たちを追い抜き、この地区の避難場所になっている気仙沼小学校を目指した。ここで活動をしようと決めた。

頭の中は今後の不安や、現状を把握できない混乱、そしてその小学校にいる長女のことでいっぱいだった。息を切らし学校に着くと校庭に児童と先生の姿が見えた。そのなかに長女の姿を見つけ、内心ホッとした。このまま娘を家まで送ってあげたい、側についていてあげたい、そんな気持ちのなか消防職員としての職務・職責をまっとうしなければという思い、さまざまな思いのなか、出張所の職員と合流し広報活動、救急救助活動に全力を費やした。

夕方からは冷え込み、雪もちらつきはじめた。夜になり体育館の様子を見にいくと、そこには目を真っ赤に腫らし友人たちと泣いている娘の姿があった。まだ帰れていなかったのだ。「大丈夫か?」と一言だけ言葉をかけ、また救助活動に戻った。消防職員なら当たり前、仕方ないことかもしれない。幸い娘の友だちの母親が来たときに一緒に娘は連れて行ってもらえたが、それでもあのとき娘の側に付いていてあげれば、家まで送ってあげれば、消防士でなければ? と考える日がある。

娘の目に自分の姿がどのように映っていたのか、消防人として頼れる父親? 自分の側にいてくれない父親? 今でも気になる。娘は何ひとつ変わらず接してくれているが、それでも直接聞いたことはない。東京消防庁が派遣してくれた心のカウンセリングも受けた。

震災でたくさんの仲間とその家族が殉職、行方不明になった。先日一緒に救急を頑張ってきた後輩の家に焼香に行くと、父親から「消防士をやっていなければ、いまごろ生きていたのかな?」と声をかけられ、何も答えることはできなかった。あれから月日が流れ、瓦礫も減り、着実に復興に向かっている。環境が変わっても今までどおり消防業務をこなしている。どれだけ時間が流れ過ぎ去っても、気持ちはあの震災のときから止まったままなのかもしれない。消防士でなければ?　答えは決してみつからない。ただ今は、消防人としての人生をまっとうし、精一杯突き進んで行くだけだ。自分で選んだ道だから。

実家のコンビニも自宅アパートも消えた

南三陸消防署　佐々木茂人（27歳）

三月一一日は南三陸消防署歌津出張所で勤務していた。今まで感じたことのない大きな揺れが、かなり長い時間続いた。この地震が発生してすぐに妊婦が転倒したという救急指令が流れ、私は救急隊として出動した。大津波警報が発令されたため病院選定にあたっても海沿いを回避し、山沿いの病院を選定し無事に妊婦を病院へ収容した。

救急搬送を終え、歌津へ帰る途中に、南三陸町の入谷にて消防団から志津川は壊滅状態だという情報を入手した。普段通る道は瓦礫の山だった。山沿いの道を通り、避難場所である歌津中学校に到着したころにはもう夜になっていた。気がかりだった職員全員が無事で、非番の職員数人も中学校に駆けつけていた。ほっとしたものの、ほとんどの職員が家族と連絡が取れないままだった。

震災から数日経過しても私は家族との連絡が取れず、不安のまま消防活動していたが、上司の指示により歌津から私の地元である志津川へ家族の安否確認へ出向できることになり、私は志津川へ向かった。各避難所を徒歩で確認した。

そのとき見た志津川は、まったく昔の面影はなく、私の実家が経営していたコンビニも私が住んでいたアパートも跡形もなくなっていた。覚悟はしていたが、このときは何ともいえない複雑な気持ちになり、今でも思い出すと胸がつかえるような気持ちになる。

このような町の状態のなか、本当に家族は助かっているのか不安な気持ちだった。ベイサイドアリーナから志津川小学校、志津川中学校、志津川高校、ホテル観洋の順番で家族の安否を確認しながら徒歩で移動し、最後に向かったホテル観洋で妻と母親の名前を被災者名簿から見つけることができ、隣の登米市へ避難したとの情報を得た。また、父親と祖母の無事も確認することができ、この日は家族に再会することはできなかったが、家族全員の無事を確認することができたので、夜には歌津中学校へ戻り勤務した。この間、これまで歩いたことのない距離を歩いたが疲れはまったく感じなかった。

その後は業務にも集中することができ、心の中のモヤモヤが少しなくなった気がした。しかし、非番も週休もなく活動していたので疲労はかなり蓄積していた。それでも職員同士で協力し、励まし合いながら毎日活動していたので体調は崩さなかった。震災から約一週間で非番をもらうことができ、登米市から気仙沼市へ避難してきた家族と再会することができた。

生存していることはわかっていたが、再会したときは本当に感動した。このときは、「生きていてくれて本当にありがとう」という気持ちだった。話を聞くと、全員で南三陸町の高台へ避難したとのことだった。我が家では日頃から食事のときに、津波の避難場所は「自宅近くの高台」という話をしており、津波の当日もすぐに家族全員で自宅近くの高台へ避難したとのことだった。日頃の何気ない会話が避難につながり、本当に良かったと思う。

家族と再会してからは、気仙沼市の山手にある妻の実家から歌津中学校へ通勤することにした。このころには週休はなかったものの、非番をもらえるようになり精神的にも、肉体的にも健康状態は若干よくなり、業務に集中することができた。

さまざまな救助現場や救急現場で、地域住民の泣き崩れる姿や励ましあう姿などを何度も目の当たりにしたが、さまざまな経験のなかで一番辛い出来事は職員の殉職だ。行方不明者も合わせその数は一〇人だが、その全員が、私が消防士を拝命してから非常にお世話になった方々だった。今でも先輩方が殉職したという実感がない。プライベートでもよくしていただいた先輩ばかりであり、言葉にならない気持ちがしばらく続いた。今でも殉職した方々が夢に出てくることがある。

以前、上司が「若いうちは何でも一生懸命取り組め。試験や訓練、失敗してもいいから」と、言ってくれたことがあった。この方には本当に息子のようにかわいがっていただいた。そんな尊敬する上司の言葉を私は決して忘れない。

応援に来られた兵庫県の消防の方々からは「私たちもかつてお世話になったので、恩返しのつもりです。何でも言ってください」と言われた。インスタントラーメンやパンとかもいただいてほんとうに助かった。

四月一日からは、地元である南三陸消防署勤務になった。私は住まいが隣の登米市になり、家族は全員仙台に住みはじめ、ばらばらの生活が始まった。プライベートでも生活はまだまだ落ち着かないが、南三陸町が一日でも早く復興できるために私ができることは亡くなった上司に言われたように、何事にも一生懸命取り組むことだ。

九月には、初めての子どもが産まれる。この震災を必ず次の世代に伝え、このような被害が二度と起きないようにすることが私の役目であると思う。

東日本大震災から復興へ向け、職員全員で力を合わせ頑張っていきたい。この気持ちをずっと忘れずに復興へ向け一歩一歩頑張っていきます。

家族の無事を祈りながら

南三陸消防署歌津出張所　小野寺優（37歳）

三月一一日一四時四六分、地震発生時私は庁舎内（歌津出張所）の事務室におり、揺れはじめはこれほど大きな被害になるとは思いもしていなかった。しかし、今までに体験したことのない揺れの大きさと長さに、このままでは庁舎にも被害が出る恐れがあり、庁舎車庫内の車両が出動できなくなるのではないかと思い、勤務していた職員で車両を庁舎外へ移動し、屋外で揺れが収まるのを待つことしかできなかった。

震災当日勤務していた歌津出張所には五人の職員がおり、すぐに全員が無事とわかったが、揺れが続いているなか一番気がかりだったのは、家族の安否だった。私の家族は妻と小学校二年生の息子がおり、地震が発生した時間帯は小学校の下校時間と重なっていたため、これほど大きな地震で無事だろうかと心配だった。さらに必ず津波が来ると思ったので、無事に避難できるかと、とても心配だったが、職場を離れるわけにはいかず、無事でいることを願うしかなかった。

揺れが収まり職員全員で手分けして庁舎と周囲の被害状況を確認すると、庁舎内の戸棚はすべて扉が開いて書類が床に散乱し、天井がところどころ落下していた。庁舎周囲の民家も瓦が落下していたが、倒壊している建物等は確認できなかった。被害状況の確認をおこなった直後、気仙沼の本部指令課より地震により負傷者が発生したとの指令を受けた。地震で避難をするときに、妊婦の方が転倒したという。私を含めた救急隊三人で出動した。

残された職員は二人、その時点で今後の活動が限られ、しかも歌津出張所がある場所は津波で浸水する危険があったため、救命胴衣やロープ、発電機など必要な資器材を車両に積載し、避難場所となっている高台の小学校での避難誘導にあたった。

私は救急隊として出動し、負傷者を搬送したが、町内の医療機関は海の近くにあるため気仙沼の医療機関へ搬送することとした。途中国道四五号を進んで高いところへ出たが、気仙沼署本吉分署の隊員に会い、これ以上先は津波で通行できないということを教えられた。

もしこれを知らずにそのまま進んでいたら津波に遭遇していたかもしれない。この辺りの地理には詳しかったので、そこからは山道を抜けながら通常なら五〇分程度で到着できるところを、迂回路を通りながら二時間以上かかった。この途中、家族から携帯メールが入り、無事が確認されほっとした。

この後、歌津出張所は津波では被害を受けることはわかっていたので、あらかじめ避難先と決められていた歌津中学へ向かった。そして帰ってくる途中、海岸から遠く離れた場所まで津波が到達し通行不能となっている現状を知り、この震災での被害の甚大さを初めて知った。

この震災は多くの地域で大きな被害をもたらし、多くの尊い命を奪った。五ヵ月経過した今も避難所で生活している方々も、行方不明となっている方々もいる。しかし、少しずつでも復興に向け動き出せるようになった。まだまだ復興までは長い道のりで、気持ちの整理もつかないのが現状だが、またもとの自然豊かな故郷を取り戻せるよう前向きに進んで行きたいと思う。

消防学校卒業を目前に、現場へ

南三陸消防署歌津出張所　**千葉飛馬**（21歳）

三月一一日、私は宮城県消防学校（仙台市）で普通救命講習という救命の指導員になるための講習を受けているときに地震に遭遇した。二〇一〇年四月に採用され、一年間消防学校で学び卒業を目前にしたときだった。

地震は強く長く、怖いと初めて感じた。その後消防学校に避難してくる方々や、テレビや携帯電話に入ってくる情報がとても常識で考えられる事態ではなく、頭の中でしっかりと整理することはできずにいた。

配属先の署も決まっていなく、とにかく指示があるまでしばらくは待機するように言われた。すぐに気仙沼に帰り地元のために消防士として力を尽くしたいと思ったが、帰る手段もなく数日間、仙台で歯がゆい思いが続いた。

なんとか一五日に気仙沼に帰ったときには、住み慣れた故郷は変貌しており津波の脅威を思い知らされた。幸い自宅は大きな被害はなく、家族も無事だったことをとても幸運に思った。指示はなかったが私はすぐに自宅から近い気仙沼署の本吉分署に出向いた。そこ

トレーラーハウスの南三陸消防署仮設庁舎

で耳にしたのは、研修中お世話になった先輩方が行方不明、また遺体で発見されているという過酷な現実だった。この事態に強いショックを受けた。

寝る時間も家に帰る時間も削ってこの事態を一刻も早く収束させようとしている先輩方の姿が逞しく感じられた。いまだ学生ということから私は限られた時間でしか活動できなかったし、自分がなにか役に立っているのか、日々考えることばかりだったが、署員の食事の準備や救急対応、緊急消防援助隊の支援活動に精一杯あたった。

四月からは正式に南三陸消防署歌津出張所勤務となったが、庁舎は使うことができず避難所である歌津中学校での勤務となった。この緊急事態に出張所の方々と一致団結し、住民の方々からは炊き出しや消防団の活動などの面で大変なお力添えをいただいた。また他県からの緊急消防援助隊やボランティアの方々の協力も心強かった。

今回の震災で、災害等に限らず消防活動をするさいに決して消防だけの力ではなく、住民の方々や消防以外の多くの方の協力があってこそのものだとあらためて感じた。三月の震災から五ヵ月が過ぎたが、震災の跡がいまだ色濃く残っている。今後も活動していくにあたり、住民の方々への感謝の気持ちを忘れず、今回の震災で任務をまっとうされた方々のためにも、一刻も早く復興に貢献し、自分自身の知識、技術、体力の向上といった自己啓発に励みたいと思っている。

いまだ元の姿を取り戻せていない故郷、しかし着実に元の姿を取り戻しつつある故郷、私はこの地域で働く一人の消防士として、この町の復興と住民の方々の安全を守るため、日々の活動に精一杯取り組んでいきたい。

全身びしょ濡れで、立ったまま仮眠して……

南三陸消防署　千葉雄馬（30歳）

東日本大震災の活動をとおして感じた気持ちを記す。自分の在職中に一〇〇〇年に一度といわれる未曾有の災害に遭遇した経験を無駄にはしない。

今回の震災の活動内容は、三月中は市内の火災防御と救助活動であるが、まさに地獄絵図であった。私は沿岸部の気仙沼消防署南町出張所勤務であったため個人装備（被服含め）はすべて流出し、満足な装備もない状態で、不安や恐怖と戦いながら活動したのを覚えている。

雪の舞うなか、腰まで黒い水に浸かり、逃げ遅れた人をおぶって瓦礫の山を越えたこと。遺体の間をホース延長したこと。燃えゆく街をなす術もなく何時間も呆然と見つめていたこと。一〇〇メートル足らずの距離を何時間もかけて現着したこと。今でも思い出すと身震いする。

全身びしょ濡れの状態で、立ったまま仮眠し次の現場へ出動したこと。家族の安否が確認できない状態での活動。本当に過酷だった。そんななか、同僚の行方不明情報を聞いたときには絶望した。これほどのことはない。本当に現代の日本だろうか？　夢ではないのか？　テレビや映画を見ているのではないのか？　何度も頭を整理しながら無我夢中であった。何十人もの遺体を見たが、みんな苦しそうな顔をしていた。一人ひとりの断末魔が聞こえる。何百という遺体が収容された体育館のなかで、線香のにおいとともに寝泊まりしていたこともあった。今でも鮮明に思い出す。

四月に南三陸消防署勤務となってからは、庁舎もライフラインもないなかでの業務。こちらも極限であった。行方不明の職員が見つかり安置所で対面するたび、悔しくて悔しくて……一生分泣いたかもしれない。自分も南三陸消防署に勤務していたら死んでいたと思った。生きている自分が殉職した職員に申し訳ないという気持ちでいっぱいになった。

〝全員、すべてを捨てて避難しろ〟と指示してほしかった。命令して欲しかった。そのときだけは逃げて欲しかった。そのとき……自分もその場にいたら、職務を捨て逃げることができただろうか？　殉職した職員の消防魂は未曾有の災害も超越していたのか？　それが良いか悪いかの答えはこの先も見つからないだろう。

今回の大震災で一〇人の殉職者を出した事実は消し去ることはできないが、二度と同じ悲劇を繰り返さないために、今後の安全対策をどうすれば良いか。組織を越えた検証が必要である。

今はまだ気持ちの整理ができず、メンタルのコントロール、モチベーションを保つので精一杯だ。犠牲になった友人、同僚に会いたい。だが、下を向いてばかりはいられない。〝おれは消防士だ〟。自分に言い聞かせながら今日も頑張っている。

東日本大震災●消防隊員死闘の記

亘理消防署

宮城県の最南端に位置し、南は福島県新地町に接する太平洋岸のまち山元町は、北に隣接する亘理町とともに亘理郡を構成している。面積はほぼ同じだが人口は亘理町が約３万5600人で山元町が約１万6700人。西部は森林だが東部の低地には水田も広がる。砂浜の海岸線と松林がつづき、海沿いは広大な平地を形成している。ここではイチゴ栽培が盛んで「仙台イチゴ」の有数産地となっている。さけ漁など水産業もさかんで特産品としてのホッキ貝が有名だ。海岸線近くをJR常磐線が、その西側には並行して国道６号が走る。この２町の消防業務は亘理地区行政事務組合のもと亘理町は亘理消防署が、山元町は同署山元分署が行なっている。

被害の実態が不明ななかで進めた過酷な捜索

亘理地区行政事務組合消防本部　消防長　鈴木　真（59歳）

当管内は、宮城県の南部沿岸部に位置し亘理町、山元町の二町で構成され、仙台市から南に二六キロメートルの距離にある。また管内の東部は長さ一六キロにわたり太平洋に面している。

気候は東北の湘南と言われるほど温暖で、その特性を生かしてイチゴの生産高は東北一の産地を形成しているが、今回の津波によりイチゴハウスの九四％（九一・四ヘクタール）以上が壊滅的被害を受けた。

当消防本部は、職員数七三人で亘理町に亘理消防本部と亘理消防署、山元町に山元分署の一本部・一署・一分署で五万三〇〇〇人の生命財産を守っている。

管内における過去の災害としては、昭和五三（一九七八）年六月一二日に発生した宮城県沖地震（死者なし住宅全壊八戸）と昭和六一（一九八六）年八月五日の台風一〇号（床上浸水一五三戸、床下浸水七一二戸）による被害があったが、その後約二五年間は大規模な災害は発生していなかった。

ところが、三月一一日午後二時四六分、これまでに経験したことのない大地震が発生した。消防庁舎で尋常でない横揺れを受けたとき、庁舎が崩れてしまうのではないかと身の危険を強く感じた。揺れがおさまった後に警戒本部を立ち上げ、情報収集と津波警戒活動のため亘理町に二隊、山元町に二隊を出動させ、住民や漁港で釣りをしている人等への広報、避難誘導を指示した。

午後三時五〇分に避難誘導をしていた山元分署隊から「津波の第一波確認、ポンプ車のすぐ後ろまで来ている」との情報があり、すぐ一隊を増隊し、五隊で活動した。荒浜小学校では避難していた五〇〇人から六〇〇人の住民を体育館から校舎三階に移動させ、津波襲来時には、さらに屋上に移動した。まさに危機一髪だった。

情報が錯綜するなか、非番員を含めた職員で被災した人たちの救出活動、災対本部対応、緊急援助隊の要請、受援の調整、各避難所に避難した住民の救出対応等で混乱した状況が続いた。

地震発生当日の午後四時頃までは、携帯電話による出動要請があった。またＮＴＴ回線も一三日の午後一時頃までは通話可能だったが、それ以降はまったく使えずすべて駆け込みによる要請だった。最初に要請のあった場所に行く途中に救助要請が多数あり、手前から順番に救助する方法をとり、消防隊を各地区ごとに配置し救助活動はすべて自隊で活動することにした。

津波が襲来してからの情報収集は困難を極め、両町の災害対策本部に派遣した職員からは多くの情報があがってきたが、二日目になっても津波被害は、どれくらいの範囲でどれくらいの被害なのか犠牲者は何人くらいいるのか、まったく把握できないまま捜索活動を続けるしかなかった。

東北地方の寒く厳しい気象条件のなか、冷たい泥水につかりながらの捜索活動は夜遅くまで続き、朝は日の出とともに活動にあたった。津波は海岸から五・五キロのところまで押し寄せ、水深は深いところで二〜三メートルもあった。通常車で五分から六分で行ける場所へは大量の瓦礫に阻まれ二時間近くもかかった。

瓦礫は家の残骸が多く、釘の踏み抜きで緊急消防援助隊員を含めた多くの隊員が病院で治療を受けた。無理をして活動し、風邪やインフルエンザにかかった職員もあった。遺体の収容に関わった隊員や自身の家族や家が被災した状況で活動した隊員もあり精神的にも肉体的にも負担が大きくなり、ケガ人や体調不良者が多数発生した。当初一〇日間くらいは余震の影響もあり全職員が勤務していたが、その後は職員の健康管理を考慮して交代で休ませた。

毎日さまざまな現場対応をするなかで、想定外の災害対応に遠方からの緊急援助隊の存

瓦礫の山と化した山元町坂元地区

在は大きく「安心して、任せられる」、「何でも頼める」、「何でもやってくれる」という隊員の方々の活動を見て本当に頼もしく心強く感じた。このような対応を毎日繰り返すこととなり、延べ四五日間も続くことになった。

東日本大震災に起因する当管内の被害は、死者が亘理町二六〇人、山元町六一八人の合計八七八人（行方不明者含む）、住居被害が全壊四六五九（亘理二四五九、山元二二〇〇）、半壊二〇七四（亘理一〇三二、山元一〇四二）、一部損壊三〇七一（亘理一九八五、山元一〇八六）で、仮設住宅は二一五六棟となっている。

今回の震災は、広範囲な地域に複合的な被害が同時多発したものであり、我々被災消防本部は近隣からの応援隊や緊急消防援助隊が到着するまで、限られた人員と資機材で対応することになった。被害を受けた庁舎や車両での活動は困難を極めた。今後は災害規模や種類による消防本部の効果的な活動のあり方や職員の安全対策をどのようにおこなうか検討する必要がある。

また受援体制においても資機材の充実はもちろんのこと、燃料・ライフラインの確保・食料調達など防災拠点となる消防本部はどんな状態になってもその機能を保持しなければならない。さらに大規模災害対応能力を強化するため緊急消防援助隊や、自衛隊、警察、海上保安庁がさらなる協力連携を図り、各分野での能力が十分に発揮できる体制を構築する必要があると考える。

捜索活動をめぐってときには熱くなって

消防本部総務課　平間啓一（60歳）

地震発生の日、私は非番で午後から隣町の岩沼市の病院にいた。予約していた脳ドックの検査を受けようと待機していたまさにそのとき地震が起きた。検査はとりやめ、すぐに消防本部へ向かうことにした。

「山元町災害対策本部に行ってくれ」

消防長の命令で、一六時頃、防火衣、ヘルメット等を抱えて消防本部から約九キロメートル南にある山元町役場へ向かった。

国道六号を南進すると車が渋滞しており、国道を進むには時間がかかると判断し、山手側にある町道の東街道《あずま》を通ることにした。東街道を南に向かっていくと平野部が見渡せる場所があり、付近の住民が津波の状況をただ呆然と見つめている姿が見られた。道路は法《のり》面《めん》が崩落している場所が数ヵ所あったが、何とか通りぬけ、山元町役場に到着することができた。

役場と同じ敷地には指定避難所になっている山元町中央公民館があり、住民が続々と避難してきていた。また、鉄筋コンクリート三階建の役場庁舎は倒壊の危険があり、災害対策本部は庁舎前の駐車場にテントを張って対応し、この日は特に寒さが厳しく外気温度は氷点下となっていた。

もちろん停電、断水状態でストーブはない。北風が吹きぬけるテントの中で、被災住民の対応、災害対策本部との連絡調整をおこなった。山元町役場に電気が復旧したのは発災から一週間位経過してからだった。これを機に、災害対策本部を庁舎一階ロビーに移した。しかし、庁舎の危険性は変わるはずもなく、余震があるたびに庁舎外へ避難する状態が続いた。

災害対策本部と消防本部との連絡手段は、消防本部と役場をつなぐ専用電話回線と消防無線のみで、無線も山元分署を中継してだった。災害対策本部には、「二階に人が残されたままだ」といった住民からの駆けつけ通報による救助の依頼が続々と入り、それを山元分署に携帯無線で連絡して対応した。

緊急消防援助隊と自衛隊が山元町の救助、検索活動を開始してからは、津波の犠牲となった方の遺体の発見情報が多い日では五〇件以上もあった。

遺体の捜索を進めるために、作戦テーブルを広げ、発見された場所にシールを貼っていったが、それが一日ごとに増えていきだんだん下が見えなくなり、作業をしていくのがつ

被災家屋を検索する緊急消防援助隊員

らかった。また、捜索方法や場所をめぐって、自衛隊や役場などと協議をしていくなかで、その方針をめぐってときには熱意が勝り、声が大きくなる場面もあった。

一八時からは各機関との連絡調整会議が毎日おこなわれた。災害対策本部長の町長、緊急消防援助隊、地元消防本部、警察、自衛隊等がその日の活動概要と明日の活動予定を話し合い、特に緊急消防援助隊の検索活動には瓦礫の撤去および海水の排水が必要不可欠であり、町の担当課および自衛隊と連絡を密にし連携を図った。

亘理地区は、過去に大きな津波災害を経験したことがなかった。チリ地震による津波警報が発令されたときも、潮位の変化は数十センチ程度であり、今回の地震でも大津波警報が発令されたが、ほとんどの人が津波は一、二メートル位で、防潮堤を超えることはないだろうと思っていた。さらに、津波の到達が地震発生から約一時間経過してからだったので、いったん避難しても自宅に戻った人、イチゴハウスの管理作業に畑に向かった人が多く、そこで被害にあった人もいたと聞いた。

津波避難訓練も亘理町の荒浜地区が実施しているだけで、そのほかの沿岸地域の住民は訓練をおこなっていなかった。このことも津波による犠牲者が出た背景にあると思われる。

組合消防は構成市町村の数だけ災害対策本部があるため、災害が発生した場合の各対策本部との連携、連絡調整について事前に十分に訓練をおこなう必要があると痛切に感じた。今回の震災を終生忘れることなく後世に語り継がなくてはと思う。

静寂のなか、大きな声で呼びかける

亘理消防署山元分署　渡部寿則（57歳）

今も思い出される我が町の光景。気候温暖な田園都市で、西部は丘陵、中心部は平坦な水田地帯、東部の海岸線は砂土という立地条件をいかしての東北一の生産量を誇る「仙台いちご」のハウスがたち並び、夜には電灯がともされ、雪の降る日にはまるで別世界を思わせる光景……。

また、夏には家族連れの海水浴客でにぎわっていた遠浅の浜辺……。雄大な自然に恵まれ代々築きあげられてきたものが一変するような出来事がおきるとは、誰が予想しただろう。

三月一一日一四時四六分、二階事務室で「ゴォー」という地なりとともに大きな揺れを感じた。昭和五三（一九七八）年宮城県沖地震の震度5を体験したが、それとは揺れも時間の長さも比べものにはならないもので、立っていることもできず、車庫ではポンプ車がまるで生き物のように跳びはね、近づくこともできなかった。

揺れが収まるのを待つかのように、「国道沿いの高台にある住宅地の法面が崩れ、コンビニ駐車場に停まっていた車が埋もれ、中に人が入っているかもしれない」と一本の電話。この電話が私たちの長い戦いの始まりであった。

余震の続くなか、土砂災害からの救助、大津波警報の発令による広報、コンクリート工場でL字型擁壁の転倒により負傷したものの救護、と緊迫した状況が続いた。土砂災害現場で建設機械を手配し、二次災害防止のために、庭先が崩れた住宅もある高台の住宅地に上がったときである。

約二・七キロメートル離れた海岸線に異変が感じられた。地響きとともに真っ黒い波が一斉に立ち上がり、黒々とした波は一瞬にして海岸線沿いの集落を呑み込み、止まってくれと願う気持ちとはうらはらに、高さ七メートルくらいの波は衰えることなく、家屋等をまるで笹舟のように浮かべ揚々と私たちの目前まで迫ってきた。付近住民を避難させながらも、津波の猛威にただただ胸の高鳴りを覚えた。

非番隊員も含め隊の増強を図るため山元分署に戻ると、住民が次々と駆け込んできた。避難所からの救急要請や倒壊した屋根の上に人がいる等の救助要請が寄せられ、被災地全体の状況が把握できないなかで局面的な対応に追われ、焦りと無力さを痛感させられた。

浸水した救助現場に向かおうとするが、すべての道路は押し寄せた大量の瓦礫で塞がれ、田畑との区別さえままならない状態で私たちの活動を阻む。そのようななか、近くの

海側に面した部分が津波にえぐり取られた家屋（亘理町吉田地区）

方が建設機械を用いてポンプ車一台がかろうじて通れる道路を確保してくれ、何とか家屋密集地の近くまでたどり着くことができたのは大変ありがたかった。

周りはすでに薄暗くなっていたが、そこには水の引かない道路を膝まで水に浸かりながら、互いに寄り添い避難所へ向かう人々と、幼稚園に行っている我が子の安否がわからず懐中電灯の灯りを頼りに、避難指示区内に入る親の姿があった。

静寂のなか、大きな声で呼びかけ、「屋根の上に人がいる」などの情報を頼りに活動するも、瓦礫と浸水した道路に行く手を阻まれる。そんなはがゆい時間が延々と続き、寒さと長靴に入った水の冷たさだけが異様に感じられた。

二日目、薄明るくなったころ道路確保のため建設機械が導入されて、山下駅前の家屋密集地に入ることができた。庭先や道路脇では多くの尊い人命が失われており、流された自動車は無残な姿を露わにしている。その脇を津波と戦い、一晩中暗闇の中で過ごした人々が足を引きずるようにして集まってくる光景に唖然とした。

電池切れの無線、ラジオ等もなく情報が断たれ孤立した状況のなか、揺れを感じるたびに津波の再来をも意識しながら手分けして各家を回る、そんな活動を続けたが人員不足による活動の限界を感じずにはいられなかった。


一三日からは緊急消防援助隊が駆けつけ、検索活動が開始されたが、このころからようやく情報の整理がなされ災害の全容が見えてきた。管内約一一キロメートルにわたる海岸線沿いにおいて、二五〇〇世帯、七五〇〇人の住む地区が水没し、海岸線から一・五キロメートル以内の範囲では、新築の建物が一部残る程度で、ほとんどが流出し壊滅状態、行方不明者の数についてはその後調査中の日々が続いた。

検索活動は、町災害対策本部で定めた浸水区域を碁盤の目状に区画したものを共有し、塗りつぶしてゆく日々の連続で、一度おこなった区域でも水位が下がったらその都度再検索する。最後は、重機で瓦礫を持ち上げて確認するという活動が連日おこなわれた。

雪の降る三月に震災があり、庁舎脇に咲いた満開の桜を見ることなく過ごし、今は何事もなかったかのようにセミの声が鳴り響いている。五ヵ月が過ぎ二七〇〇人余りの方々が避難所から仮設住宅へ移られたが、まだまだ不自由な生活のなか歯を食いしばって頑張っている姿がある。気軽に「十分頑張ったのだから少し休んで」と、心の中で叫びながらも話しかけるのをためらわれる。

しばらくは寒く食べ物もろくになく家に帰っても電気もなかった。職場内でも言葉づかいが荒くなるなどの変化があり、震災活動時のストレスが関係しているように思う。震災は建物を破壊しただけでなく多くの人の心に深い傷を残した。

今回の災害は、すべてにおいて私たちの力をはるかに上まわっていたことは事実である。しかし、私たちの知識では計り知れない災害が再び起こりうることを念頭に置いて、今回の教訓を後世に伝えていきたいと思う。

独自の活動、〝生還〟に驚く同僚たち

亘理消防署山元分署　鈴木勝巳（34歳）

その日非番で家にいて、小学校に通う長女を迎えに部屋を出ようとしたそのとき、地震が発生した。私は、あまりにも強い揺れで立っていることができない妻と泣き叫ぶ二人の子どもの体をただ抱き寄せて、「大丈夫、心配するな」と言い続けた。

揺れが少し弱くなったので外に出ると、父がいたのでイチゴハウスで農作業をしている母を連れてくるよう頼んだ。その後、町の防災行政無線で「大津波警報が発令されたので長瀞小学校の体育館に避難して下さい」と放送があった。父は地区の人たちと見回りに行ったので、私たちは長瀞小学校へ子どもを迎えに行き、隣の体育館に避難した。

体育館には小さい子どもからお年寄りまで避難しており、教員が床にシートを敷いていたので私も手伝い、家族の安全を確認して職場へ向かおうとしたとき、中年男性が窓越しに「水が来た、水が来た」と大声で叫んだ。まさか、海岸線からは約二キロメートルあるし、津波が来る訳がないと思いながら外を見て、その状況に目を疑った。辺り一面が海になって浮かんでいるようだった。

家屋や車両が流され水位は上昇しており、体育館内は騒然、早く安全な場所に避難させなくてはいけない状態となった。校長先生から「約三〇〇人の避難者を、二階の踊場とステージの上に避難させましょう」といわれ、教員、消防団員、役場職員と協力して避難誘導にあたった。

誘導中に中年女性から、携帯電話に代わって欲しいと渡されたので要件を聞くと、「この学校を卒業した者です。今テレビを見ていますが、また凄い津波が来ています。体育館は危険なので校舎に避難した方がいいです」という、身も凍る内容だった。私はこの状況で安全に校舎まで避難するのは難しいと伝え、関係機関と協議し体育館での避難を決断した。

幸い、浸水は出入り口付近の床が水に浸るくらいで、それ以上水位が上昇することはなかったが、周囲が海水で一歩も外に出られずに職場へ行くことさえできず孤立してしまった。私はこの体育館でここにいる避難者のために任務を遂行しようと決意した。そのときだった。「あそこに人がいる」という声に目を向けると、体育館から約七〇メートルのところに、イチゴハウスのパイプにしがみついて耐えている中年男性と、そのすぐ側で板の上にうつ伏せ状態の高齢女性を確認した。

私が声をかけると二人とも意識はあるものの、早く救出しないと流されたり、低体温症の危険が大きいと判断した。消防団員と二人で、流れてきた戸板をサーフボード代わりに冷たい水に胸まで浸かりながら、瓦礫をかき分け腹ばいでこぎ、要救助者のところへ向かった。二人とも意識清明であったが下半身が水に浸かっている状態だったので、すぐに浮環で救出し体育館内に搬送した。

停電のため、ストーブは使用できず発電機はなかったので、高齢女性の服を脱がせ布団に寝かせて四人がかりで体をさすったり、添い寝をしたりして保温に努めた。その後、消防団員と協力して、体育館と校舎の渡り廊下の屋根上をつたい、小学校校舎の屋上の貯水タンクから二〇リットルのポリタンク約二〇個に給水をおこなった。

外部からの情報は乏しく、町の防災行政無線や携帯ラジオからのみで、体育館での避難状況を知らせる手段はなかった。

夜になり気温は低下し、体育館の床にレジャーマットを敷き、毛布、レジャーマット、切断したカーテン等をかけて寒さをしのいだり、トイレに起きる人のためにローソクを置いてトイレへの道しるべを作ったりした。

二日目になると水は引いてきたので、食料調達のために役場職員が約六キロメートル離れた役場まで徒歩で向かった。その食料が、避難して初めて口にしたジャガイモくらいの大きさのクリームパン一個で、一口ひとくち大切に味わって食べたのを覚えている。また、消防団員等の付近検索により、自宅に取り残された人たちや津波をかぶった人たちが新たに避難してきて、この日も体育館で寒い夜を過ごした。

三日目の食料はおにぎり一個だったが、食料調達してきてくれた人の情報によると、この避難所に食料の物資がくるまでには時間がかかるので、全員避難所を移動した方がいいとの話だった。みんなで荷物を手に取り亀裂の入った道路、石で敷き詰められた線路上を約一キロメートル歩いて送迎用のバスに乗り、津波の影響を受けていない丘にある亘理高校の体育館まで行った。

これでなんとかなると思い家族に仕事へ行くことを告げ、職場まで徒歩で向かった。この間、見回りに出たままの父親の安否はわからなかった。また、職場には連絡ができていなかった。

途中、ずぶ濡れになったので小学校にあった児童のジャージを借りて着て、その姿で亘理消防署へ歩いて行った。庁舎に入るとみんな驚いて「お前生きていたか」とか「生きていてよかった」といわれ、歓喜のあまりいろんな思いがこみ上げてきて、胸が凄く痛くなった。

やりきれない多くの現場を目にして

亘理消防署山元分署　二階堂義彦（51歳）

当本部が管轄する亘理町と山元町は、一年中温暖な気候で自然災害の少ない、「東北の湘南」と呼ばれている地域である。そんな住みやすい地域にあの日がやって来た。

非番の私は自宅二階でテレビを観ていた。いつものとは違うとすぐにわかる揺れが続く。さらに続く。そして停電。いつまで続くのか。強い揺れのなか、私は心の中で、「もういいだろう、早く止まってくれ」と叫んでいた。一階の両親に声をかける余裕もなかった。

この後私は、自然の力による壮絶な光景を目のあたりにすることになる。山元分署に向かう私の目には、倒壊した建物やいたるところで陥没した道路が飛び込んできた。通行できる道路を選び、急いで車を走らせたが普段の倍近い時間を要しやっと職場に着いた。

すでに当務の警防隊（おもに火災を担当する）は、沿岸地区住民に大津波警報を呼びかけ、避難誘導をおこなっていた。地震で町の防災無線用の支柱が倒れたからだ。しかし、その行動が後に隊員のトラウマとなる。

私は非番の警防隊の隊長として、沿岸地区の避難誘導の準備中、崖崩れによる救助指令が入電、その現場への出動に切り替わる。現場に到着して数分後に津波はやって来た。海岸線から二キロメートル以上離れた場所の数メートル東までである。

本隊も他の隊とともに避難誘導に切り替え、自隊の安全も考慮し行動した。当務警防隊の命からがらの避難行動の話を聞いたのは、日が暮れ帰署した後だった。津波の速さに、後続の軽自動車が呑み込まれる光景を目のあたりにし、やっとの思いでポンプ車を西に走らせ難を逃れたそうだ。

ラジオからの情報に想像をめぐらせ、長くて暗い眠れない夜が明け、震災二日目を迎えた。職員は誰一人家族との連絡が取れていない。私と同じ班の救急隊員の一人は勤務しておらず、安否確認もできていない。そのようななか、私の隊は管内で最も南に位置した磯浜地区の被害調査に出向した。

陥没した国道を迂回し走れる道を探しながら南に向った。途中高台を通行すると、いつもは見えない海岸線が見えた。家がない、これは……。想像を絶するパノラマになぜか急に虚しさが込み上げ、胸が熱くなった。高台を下り交差点で消防団と出会う。顔見知りの団員が、南東を指差しながら訴えた。

「あそこのマイクロバスに四、五人が閉じ込められているんだけど、消防署で何とかならないの。バスの近くで家族が泣いてて可哀想なんだけど」。目を凝らすと、約二〇〇メートル先に半分泥に埋もれ変形したマイクロバスと数人の人影が見えた。出向時、遺体回収等は警察がおこなうので、被害調査のみおこなうよう指示を受けていることを団員に話し理解を得て、その場を後にした。

マイクロバスと交差点の間には、その時点で数人の泥に埋もれた遺体と思われる姿が確認できた。やりきれない思いが込み上げた。誰がやったっていいじゃないか。目の前の傷病者に手を差し出すのが消防じゃないの。救急救命士でもある私は、目的地に移動する車中からその現場に頭を下げた。

陥没、流木などで走行を阻む国道を南下し、磯浜地区に向かった。東に向きを変え太平洋が見えた高台から下ると、瓦礫と黒い海水に満ちた道路が現われた。これ以上先へは行けない。家ひとつない、人の気配をまったく感じない消滅状態の磯浜地区は、私が知っていた光景ではなかった。写真を撮る隊員のそばで、半開きの口から「あーあー、あーあー」という、ため息にも似た声が自然に出たことを覚えている。壮絶な光景、自然の猛威をどんなふうに報告したらよいのか。

署に戻り、海水が引きはじめ活動ができる状態との情報を得たJR山下駅西側周辺へ向かった。先着隊と合流し、検索活動を開始直後、女性と子どもの遺体に遭遇した。近所の幼稚園の先生と男の園児で、他人の家の玄関と二階の部屋で亡くなっていた。二階の男の子は、毛布で全身包まれていた。確認のため、頭部の毛布を捲る手が震えていたのを覚えている。救急現場を幾度も経験している私だったが、あのときはなぜか冷静さを失っていた。その後私は、いたるところでやりきれない現場を目のあたりにした。

自然災害での多数の遺体との遭遇は、これまでの体験ではなかったことで、自然の猛威を肌で感じ恐怖を覚えた災害だった。瓦礫と黒い海水に満ちあふれたあの現場は、今では瓦礫の撤去は済み、一面緑色の雑草地帯となっている。復興はいつになるのか。あの日から五ヵ月、そして今も余震はつづく。

津波を教えてくれた消防団員が……

亘理消防署山元分署　玉田正勝（60歳）

三月一一日一四時四六分、私は山元分署の二階にいた。地震が発生し一回、二回、三回と今までにない強く長い揺れを感じ、机、書棚等が倒れ、足の踏み場もなく散乱した。ストーブの火元を点検し、車庫および車両の異状がないのを確認し、タンク車の隊長として別の隊員とともに、沿岸地区に被害調査と大津波警報の広報に出動した。浜通りを北から新浜、中浜、磯の順に、坂元中学校に避難するようにマイクで連呼した。

避難状況を見ると、地区の住民は避難し、車の渋滞はなかった。中浜地区の地盤が陥没し、道路の真ん中にマンホールが突き出て通行できないため、迂回して中浜小学校の前を通過したとき、周囲に生徒や住民の人影はなく、自転車置き場に自転車がきれいに並んでいることから学校に避難したと思った。

磯漁港に着いたとき、漁労長から「漁港の潮位が二・九メートル引いた」と聞き、港を見ると、漁船（七トン）数隻が横に倒れ、船底の赤い部分が見えた。そのことを本部に連絡、一緒に避難するよう伝えると、「おれたちもすぐ避難するから先に」といわれ、漁港を出ると間もなく磯の消防団員のポンプ車（広報中）と出会ったため津波がくることを伝えた。

私は来た道を広報しながら避難した。すると中浜地区で六〇歳代の男性から「車が溝にはまったので車を押して下さい」と頼まれた。すぐ津波が来ることを伝えながらも、私は男性から車の鍵を借りて、車を動かしなんとか脱出に成功した。

さらに北進すると、新浜地区の消防団のポンプ置場前で、消防団員（三人）がいて「屋根の上を見ろ」と、団員の後ろにある消防団の小屋の屋根を手で指して、こちらに合図を送っている。なにかと思って屋根の上を見ると、家より高いその後ろの松林が一瞬、噴水のようにふき上がる水しぶきで見えなくなった、津波だった……。

一五時五五分、本部に第一波の報告をしながら、ポンプ置場西の狭い道をノンストップで西進し、途中ミラーで後方を確認すると消防団のポンプ車が付いてきたので安心した（しかし、そのあと彼らは津波にのまれたらしく、車の中で亡くなっていたということを聞かされた）。

本隊は約五キロ西方（国道六号まで三・五キロメートル）の東街道まで避難し、海岸地区を見ると各地区の家、松林等はすべてなくなり白い波が押し寄せていた。被害調査をお

漁船が流されてきた亘理町荒浜中学校グランド

こないながら坂元中学校の避難場所に行こうとしたが国道六号が陥没し通行止め、町地区から迂回しようとしたが、町まで津波が打ち寄せて通行不能であった。そのとき本署指令室より「各車一時帰署せよ」との指令があり帰署した。

帰署後、隊を再編成し、タンク車隊四人で坂元町の被害状況の調査に再度出動、国道六号の町地区手前の白山坂で車が渋滞した。住民から、「この先道路は陥没し通れない、また東二〇〇メートルの場所で助けを求めている人がいた」との情報を聞き、この寒さでは今晩持たないと思い、高さ一五メートルもある竹藪の山道を三人で下った。

周囲は暗くなり要救助者がいる付近は浸

水し瓦礫等が多くあり、救助に困難をきたしたが二、三回呼びかけたところ五〇メートル先の津波で流された屋根の上に五〇歳代の女性が寒さと恐怖（半狂乱）状態で助けを求めていた。要救助者を救出し、救急車を要請し本隊は東街道を迂回しながら各避難所の人員、けが人等を調査し、町地区の潮位が引いたのを確認し南方から避難所の坂元中学校に到着した。

中学校では一階に救護所を作り、一階、二階、三階と行政区単位に区分し、計三〇〇人の避難者がいた。そこで中浜小学校の先生とメールで連絡がとれて、子どもたちは全員無事で、学校に避難（約五〇人）しているとの情報を得たときは、心が癒やされた思いだった。

私が避難指示広報に出動した山元町の沿岸は、南北一一キロメートルの中に六地区の集落があり、二五〇〇世帯が全壊、八月末現在、死者六七〇人、行方不明者二一人となっている。このなかには堤防の閉鎖のため出向した役場職員や、津波の襲来を教えてくれた消防団員等一五人が含まれている。

私たちが広報で会った人たちが亡くなったと聞き、自分が助かってこんなことをいって申し訳ないが、これからは、漁港の潮位変化や津波の襲来をテレビカメラで確認して警報を鳴らすことができれば、また、堤防の扉等は遠隔で操作できる設備を設置すれば、わざわざ沿岸部に向かわなくてもいいと思う。

この地震で多くの人が亡くなったのは、地震発生から一時間経過して津波が来たため、いったん家族で避難所に避難した後に戸締りや貴重品を取りに自宅に戻ったためと聞きいている。五ヵ月たった今でも沿岸地区は立入禁止で時折震度4の余震が発生し、国道六号は凸凹で段差があり時速三〇~四〇キロでしか通行できない。また、津波と福島原発事故のため、常磐線の復旧は未定である。

甚大な被害のでた東日本大地震を後世に言い伝えるには……亘理町荒浜には昔から、「津波や洪水のときにサメや鳩に助けられた」という言い伝えがあり、現在もこの地区ではサメと鳩は食べないといわれている。

山元町にも次の世代に言い伝える方法を私は模索している。

逃げ遅れた人や避難困難な人を助ける

亘理消防署　渡邊茂利（42歳）

三月一一日は非番で、亘理町に住む私は地震発生直後、妻が仕事で不在のため小さい子ども二人を車に乗せ、実家のある山元町へ向かった。普段なら一〇分くらいで着くところだが、道路には亀裂が入り、信号機は機能しておらず主要道路は渋滞で、脇道を通りながら三〇分くらいかかった。走行中は、建物など一部損壊しているのが見られたものの倒壊等の大きな被害がでていないのを確認しつつ、実家に子どもを預けた。

その後、当管内（亘理町、山元町）においては震度5弱以上の場合、自主参集で勤務署所への非番招集となっているのだが、実家の山元町から亘理消防署（亘理町）まで戻るのが困難と判断し、数分で到着できる山元分署（山元町）へ出勤した。

山元分署では消防車両はすべて出動し、非番招集で出勤してきた職員が、各方面からの錯綜する情報の対応に苦慮していた。私も車の中でラジオを聴きながら情報収集してきたつもりだったが、津波で甚大な被害が起きているのを知ったのは山元分署に到着してからで、自分の目で見るまでは、想像することさえできなかった。

地震に加え津波被害も発生したことで、出動していた隊はいったん帰署し、隊編成を組み直して活動にあたった。そこで、現場へ出動した私は、想像をはるかに超える浸水地域と被害状況に唖然とした。

「こんなところまで浸水してきているのか。どうやってこの状況を打開すればいいんだ」という気持ちだった。そんななかで我に返ったのは、ある住民が「向こうに家族が居るはずなんだ。行って確かめてくる」と、浸水している地域に進入しようとしていたことだった。なかなか消防の制止を聞かない住民を見て、やはり我々消防が率先して活動にあたらなければならないという気持ちになった。

地震発生当日は黒く濁った水が引かず、足元には瓦礫などが散乱、堆積しているなかでの活動で、なかなか前へ進むことができなかった。また、目標となる建物なども流出して、現場確認に時間を要し、さらに三月上旬ということで季節柄夕方になると徐々に冷え込んできて、濡れた体や指先がとても悴《かじか》んだ。

活動は深夜までおよび、逃げ遅れ者や自力避難困難者等の救出にあたった。震災初日の活動は、消防車両で進入可能な場所まで進み、そこを起点として徒歩での活動となったため、思いのほか範囲を広げることができなかった。

翌日も日の出とともに逃げ遅れ者等の救出活動を開始したが、水はあまり引いていなか

亘理消防署山元分署内の指揮所の状況

った。しかし、夜のうちに自衛隊が重機で瓦礫等を除去していたため、消防車両による進入可能地域が広がっており、前日よりは広範囲な活動ができた。

このときは、二階部分に避難していた住民の救出にあたったが、住民は靴を流されているため、裸足の状態では歩くことができず、我々が近くにあるだろう靴を探したりして、搬送に苦慮したことが思い出される。また、逃げ遅れ者は思いのほか多く、消防車両だけでの搬送は困難であったが、そんなときに自衛隊のトラックが大変有効で、一度に二〇人くらいを搬送できた。

三日目には、緊急消防援助隊が来るとのことで、精神的にも体力的にも疲れがたまりつつあった我々にとっては、とても勇気づけられた瞬間だった。実際、兵庫県隊と奈良県隊の大部隊を見たときには、これで何とかなると思った。翌四日目からは緊急消防援助隊とともに活動を開始し、途中で福岡県隊の応援も加わり、長期にわたる活動をしていただいた。

活動のなかで大きな妨げになったのが、余震の発生と津波の情報だった。活動を開始すると余震が発生、いったん活動を中止し避難、また活動を再開するとまた余震が来たりした。さらには沿岸を警戒しているヘリから「沖に白波を確認、活動隊はより高い場所へ避難せよ」との情報が入り、津波被害を受けなかった山へ避難するが、消防ヘリから「より高い所まで避難せよ」と頭上から指示を受け、このときは半ば覚悟を決めたものだった。

実際は、津波は発生していなかったものの、一・五キロメートルほど緊急消防援助隊の方々と山道を歩いて退避した。

今回の活動で、正直なところ消防の無力さを痛感させられた。実際、活動するのにも瓦礫等が行く手を阻み、消防車両での進入が困難で、建物は瓦礫と化し資機材等を活用する術もなく、浸水地域では装備が不十分で対応しきれないのが現状だった。情報も錯綜し、津波情報や原発事故の情報が遅れ、活動隊には周知されないなど反省すべき点が多々あった。

また、緊急消防援助隊も火災や特殊災害など（放射線事故やバイオテロなど）を想定した部隊であり、津波という災害の対応には不十分であったかと思う。県単位との取り決めも、大部隊が一度に移動するのは想像以上の時間を費やし、活動についても災害現場で車両の駐車スペースや有事のさいの退避スペースを確保するのは困難であり、さらに長期にわたる活動でも、部隊の引き継ぎによる空白時間が発生するなど、緊急消防援助隊の活動に対する思いが十分に生かされなかったように思う。

このような教訓を踏まえ、総務省でも聞き取り調査などをおこない、改善に努めているところではあるが、関係機関（消防・警察・自衛隊）がさらなる協力連携を図り、各分野での能力が十分に発揮できる体制を構築する必要がある。消防の人命救助、警察の機動力、自衛隊の部隊力（機材等）を駆使し、国民の生命・身体を守るため、そして今後の災害に備えるためにも。

通信が途絶えたなかで、病院選定に苦心

亘理消防署山元分署　鈴木貞雄（49歳）

三月一一日一五時五五分、山元町沿岸部の空一面が鉛色になり、次の瞬間、黄色い土煙が上がり黒い煤水《すみみず》のような津波が海岸線を覆いはじめる。防風林の松は根こそぎ倒され住宅は破壊、流され、目の前の街がほとんど泥の海に飲み込まれている。まるで映画のシーンを見ているような光景を、非番で駆けつけた山元分署の屋上で目の当たりにした。悪夢のような、想像を超えた巨大な津波を目にしたと同時に人的被害は計り知れないと脳裏をよぎった。

津波の襲来後、隊を調整し浸水した現場に向かう。国道六号から沿岸部を見下ろして唖然とした。今までの見慣れた風景はなく、見渡す限り泥水と瓦礫とだけである。そのなかに要救助者を数人発見し救助を開始するが、救急隊は全出動であり、救出傷病者は自隊の車両では搬送不可能と判断、警察車両等で隊員一人を同乗させて近隣の病院にピストン搬送する。

捜索は一昼夜続いたが、大きな余震や津波警報発令により思うように進まなかった。そ

れでも、地域住民や消防団に救出され学校や避難所、近くの病院へ直接搬送された例は数十人にのぼり、多くは学校の屋上や瓦礫の上からヘリコプターで救出され、遠方の臨時へリポートでトリアージ（状態を判定すること）が実施されたためパニックは起こらなかった。

なお、搬送者のほとんどが低体温症であり、津波災害の特殊性なのか無傷か軽症が多く、それを超えると死亡か行方不明であり、地震特有の座滅症候群はほとんどなかった。

また、震災直後から救急要請が多発したのには低体温症のほかに二つの要因があった。ひとつは、人工透析患者である。近隣の透析病院は断水・停電により病院機能が麻痺し、受診困難となり、透析可能な病院を探すまで数時間から一日がかりの場合があり、町内数十人の透析患者の病院と交通手段を確立するまで、関係機関と一週間以上を要した。県内の他の消防本部では、透析患者八〇人を米軍の空路搬送で北海道の病院を受診させたようだった。

もうひとつは、在宅酸素療法の患者である。在宅酸素の器材が流され酸素不足が発生したからだ。避難所の場合は、看護師に受診を依頼し、緊急を要する場合は署内の酸素ボンベを貸し出し対応にあたった。

震災直後からライフラインは寸断され固定電話も不通、後には携帯電話と一一九番もダウンした。通報の大半が駆けつけと、災害対策本部からの無線通報で、不確実な通報や誤報も多数あり、救急出動は震災直後から混乱した。

さらに、オフライン状態での病院選定と収容依頼は一番の難点だった。そんななか、うまく運んだ収容依頼もあった。被害の少ない内陸部の消防本部に消防無線で収容依頼をし、つぎに病院に詰めていた消防の救命士が手配、さらに無線を介して連絡するという原始的な方法で多数の傷病者を収容することができた。無線が効力を発揮した。

震災直後、ＤＭＡＴ（災害派遣医療チーム）の応援は、仙台市と県北部の被害の多い地区に配置され、仙台市を除いた県南部の被災地には回らない状態だった。

想定外の津波と簡単にはいえるが、その代償はあまりにも大き過ぎた。あらゆるものを失ってから半年。山元町は死者六七〇人、行方不明二一人となった。今、沿岸部を見ると、「空中爆撃のような」廃墟と化した光景はないものの、一面の雑草の中にポツンとある鉄骨の骨組みを見るたびに、涙が出る。

最後に、早期から来ていただいた各県の緊急援助隊の皆さんに敬意とお礼を申し上げますとともに、救急隊の皆さんには被災地と各県のメディカルコントロール体制の違いはありましたが、被災地のプロトコールにご尽力いただき大変ありがとうございました。

救助された人をヘリポートで迎える

亘理消防署山元分署　**佐々木和俊**（35歳）

震災当日、私は非番だったのでまず子どもを小学校に迎えに行き、実家に預けてから山元分署に行った。到着後、直ちに山元町内の被害調査に向かった。山元町のほぼ中央を南北に走る国道六号の近くまで津波が押し寄せ、一部では国道六号から西側に津波が越えた場所もあった。特に海岸沿いは防風林が根こそぎ倒され集落が壊滅状態になっていた。

一八時〇五分、花釜地区へ要救助者の検索活動にポンプ車で出動した。花釜地区へ向かう途中、津波が到達した位置まで流木や冷蔵庫等が道路を塞ぎ、さらに冠水していたため車両を降り、そこからは徒歩で東へ向かった。道路上をヘルメットのライトを頼りに障害物を超えながら住宅地まで来ると、津波で流された車両の上や住宅の二階部分で、多数の逃げ遅れ者が助けを求めていた。

歩行不能者は担架で、歩行可能者は手を引き、車両進入ができる場所までピストン搬送したが、海水は黒く濁り足元は何も見えず腰まで水位がある悪条件下での活動のため、思うように検索救出は進まなかった。また、頻発する大きな余震により津波が来る恐れがあるとの情報が度々あり、その都度、活動を中止し高台まで避難、そして安全が確認されると現場へ戻る、という活動を繰り返しながら一二日四時〇〇分まで検索活動を続けた。

山元分署に戻り一時間休憩した後、五時三〇分より活動を再開したが、八時三〇分頃余震にともなう津波の情報が入り、活動をいったん中止し現場を引き揚げた。

その後、九時〇〇分から隊員一人とともにヘリポートになっていた山元町民グラウンドへ移動し活動を開始した。グラウンドに到着した直後、自衛隊ヘリが着陸し、磯浜地区で孤立状態となり救助された八人が降りてきた。敷地内に建つ一時避難場所の山元町体育文化センターまで案内すると、二人が頭痛と腰痛を訴えたため、居合わせたタンク車隊が車載無線により救急車の手配をした。

〇時三〇分頃に着陸した自衛隊ヘリでは、救助された約一〇人の住民とバスケット担架にのせられた遺体が到着し、担架を山元町体育文化センターへ搬送すると、センターの職員から「ここは遺体の収容場所にはなっていない」と説明されたが、遺体を自衛隊に戻すことも屋外に放置することもできない旨伝えると、遺体は屋内運動場の一角へ安置、救助された人たちはロビーで待機することになった。

遺体を屋内運動場へ搬送後、ロビーを歩いていると、「お父さん、どうしたの？　大丈

胴付長靴、感染防止服、ライフジャケット、マスク、ゴーグル、ケブラー手袋、ヘルメットを着装しての捜索

夫？」という女性の声が聞こえ目を向けると、六〇歳代の男性が胸を押さえながら倒れた。すぐに駆け寄り傷病者の観察をすると、意識を失い呼吸が停止していた。

隊員が体育文化センターのＡＥＤを借り、パッドを貼り付ける等の設定および家族への状況説明をし、私は傷病者の頭部側に移動し下顎挙上にて気道確保を実施した。ＡＥＤの解析の結果、ショックの適用はなく、呼吸が徐々に回復したが、意識状態が正常ではないため救急車を要請することにしたが、そこで問題が発生した。

山元分署に五台しかない携帯無線機を私たちは持参できず、一般電話も携帯電話も使用できない状況で、つまり通信連絡手段が何もないことに気づいた。私は体育文化センター職員に自家用車で山元分署へ行ってもらい救急要請するしかない、と思ったその時、偶然に山元町役場の防災車が現場に居合わせていることに気づき、車載無線から山元町災害対策本部へ連絡し救急車の要請をすることができた。

派遣先からの連絡手段として、せめて携帯無線機が必要であったと反省している。

今回の震災では、健康な人であっても、悲惨な現実を目の当たりにしたうえ、ライフラインも途絶え、寒さのなか濡れた衣服で、食料もなく救助が来る翌朝まで耐えたことで、肉体的にも精神的にも重度の疲労となり、体調を崩し救急搬送となる人が多かったと思う。

そして、消防活動においても状況や情報が刻々と変化するなか、不足する人員、機材での検索活動、水が引かず検索できない現場、頻発する余震、ほとんど不眠不休での活動は困難を極め、体調を崩す隊員も多かったようである。

救助へのお礼の言葉に、「誇り」

亘理消防署　長谷川正悦（59歳）

未曾有の大災害には、隣接消防本部の岩沼市消防本部での通信関係会議終盤に遭遇した。ここは免震構造ではあったが想定外であったのか、大きな揺れが「これでもか、これでもか」と長い時間襲ってきた。

すぐに会議を中断し、浜街道に迂回して署まで戻る途中、古い建物の倒壊が数軒あったが、昭和五三（一九七八）年に発生した宮城県沖地震より屋根瓦の落下が多く目立つ程度であった。署に戻ると警防隊は、大津波警報発令と共に避難指示の広報を開始していた。私も亘理地区の被害状況調査に出動すると、町内には道路陥没や水道管からの水漏れが見られた。

その後、荒浜地区の広報に向かう途中、山元分署隊より山元町新浜地区で約四メートルの津波第一波襲来の無線を傍受する。荒浜地区に到着すると、小学校に自家用車や徒歩で到着した避難者にたいし、警防隊が誘導をしていたが、前方二〇〇メートルの道路に瓦礫が押し寄せて来るのを見て、急いで荒浜公民館に退避した。

公民館にも付近住民が避難していたが、目前に迫る津波に気づいておらず、建物の外にいた十数人に大声で二階にあがるよう指示した。二階ベランダから年配の女性が津波に足を取られ流されるのを目撃し、消防人として人を助けるのが任務のはずが、ただ傍観しているだけで何もできない自分自身の無力さを痛感させられた。

また、自宅を押し流されるのを見ていた女性が涙を流しているのを見ると、自分も自然に涙が流れ出た。時間とともにますます水位が上がり、家屋や漁船までもが流されてくるのを見て、このままでは二階まで浸水する恐れがあると思い、老人から順に屋上に避難させた。夕方から雪が降る寒さのなか、避難所には老人を中心に七五人がいたが、幸いにも公民館の二階は畳で、石油ストーブと備蓄のお茶、お菓子もあり、寒さを防ぎ空腹も満たすことができた。

消防分団長、役場支所長と今後について打合せ、消防団は夜間一時間交代で状況監視、役場職員は避難者の世話と決めた。ライフラインが使用不能になったので、二階のトイレだけは海水で使用できるようにした。外を見ると瓦礫のなかにLPガスボンベから白いガスが噴出しているのが見えたので、避難者全員に喫煙を禁止させた。

本部との連絡は、携帯無線が浸水し携帯電話は不通だったので、携帯ラジオの情報だけが頼りだった。付近住民のなかには二階に避難している人もいたので、明日まで頑張るよう勇気づけた。北隣の体育館二階で、七〇歳代の女性が恐怖と寒さで体を震わせ助けを求めていたので、消防団と協力し公民館の高足テーブルをつないで橋を作り背負って救助した。女性からの「助けてくれてどうもありがとう」の一言に消防人としての誇りを感じた。

また、右大腿部に切創を負った四〇歳代女性を救助し傷口を手当していると、「子ども二人と離ればなれになった」と寂しげに語りだした。暖を取らせると疲れきった様子で眠ってしまった。

次の日、日の出とともにボートで瓦礫を避けながら検索し、十数人を救助しながら署に戻った。

三月一三日、兵庫県隊と奈良県隊が山元町に入るので、消防長命で山元町副隊長として山元分署に赴いた。各県隊長に山元町の被害状況、消防車両の通行可能等の説明後、明日からの検索場所を設定した。兵庫県隊には検索開始早々に転戦命令が下り、無念でならなかったが、その後、福岡県隊が入り、緊急消防援助隊と隣接する仙南消防本部からの応援対応と物資等の手配、職員の配置に明け暮れた。

三月二三日、山元町に兵庫県隊第四次隊が来てくれたとき、桂県隊長の顔を見て安堵した。当消防本部職員七三人だけでは救急、救助活動には限界があり、今回のような大災害時には緊急消防援助隊の応援が不可欠であった。

我が家は亘理町荒浜公民館西隣にあり、家は流されず家族も無事避難しているのがわかったが、一〇日後に戻ると家財道具、瓦礫等が家中に散乱し、汚泥と悪臭がひどかった。

今後も大災害の体験を風化させることなく後世に伝え、住民が安心・安全に住める街にしたいと思っている。

心強かった応援の緊急消防援助隊

亘理消防署　藤原好一（54歳）

三月一一日一四時四六分頃、週休日だった私は、地元のショッピングセンターの駐車場にいた。地割れがするのではないかと思うほど、これまで経験したことのない激しい揺れが数分間続き、これが「想定内」の宮城県沖地震かと思い、急いで帰宅し自宅の安全を確認後、勤務地である亘理消防署へ向かった。

地震発生から約一時間後、「想定外」の大津波が襲来し、沿岸域の防護ラインを超え何もかも押し流し、見渡す限り瓦礫と化してしまった。

発災当初、まだ被害の全容を把握できておらず、当消防本部職員ほぼ全員が参集し、二四時間当直勤務で情報収集、津波警戒、避難誘導及び救急救助活動を実施した。

翌一二日、私は災害対応の配置転換により山元分署勤務となり、六人増員され二五人（七三人中）で山元町の災害活動にあたった。町内沿岸部では、海岸線の防波堤はところどころで壊れ、防風林の松林はなくなり、道路はいたるところでえぐられ、線路はレールがはぎ取られ、田畑は浸水し、ところどころに流された家屋や瓦礫等があり、建造物が残っていなかった。当日は、ＪＲ常磐線山下駅東側の住宅街で、浸水した家屋内の捜索活動および救助活動を実施した。

山元町における緊急消防援助隊の活動は、三月一二日夕刻に愛知県隊の救急隊が、一三日に兵庫県隊および奈良県隊が到着し開始した。私は、国道六号から山下中学校グランドへ消防車両を誘導する任務にあたった。最新の装備の消防車など緊急消防援助隊の車両や隊員が続々と到着するのを見て大変心強く思った。

一三日夜、翌日の活動区域等について指揮隊長の指示により細部調整する。一四日早朝からは兵庫県隊とともに活動を開始する。私が案内を担当した区域はＪＲ常磐線の東側に位置する住宅地域で、大型車両の進入が困難な場所であるためＪＲ貨物転覆現場付近の路上に消防車両を待機、中隊長他数人で徒歩にて現地調査に向かう。

途中県道の橋梁に多量の瓦礫を確認後、救助捜索活動区域が目視できるところまできたとき、兵庫県隊に南三陸町への転戦命令の指示があり、すぐに車両待機場所まで引き返した。もう少しで現場で活動しようというときだったが救助活動や捜索活動を実施できず、沈静な面持ちで引き揚げる隊員の方々は、さぞ無念さを感じていたことだろう。

捜索活動現場では防波堤はもちろん、あらゆるものが津波で破壊され、活動エリアの大部分は無防備な状態となっているなか、余震と津波警戒、さらに福島第一原発の事故による放射能に警戒しながらの活動となった。万が一災害が発生したときにすぐさま退避できるよう車両配置等に注意を払い、泥と瓦礫のなか、広大な捜索範囲を一つひとつていねいに塗りつぶして検索、救助作業をおこなった。

三月三一日再度配置転換により山元分署での勤務を終え、四月一日から四月二三日まで愛知県隊と行動をともにする。二三日の愛知県隊解散式終了後、全員で見送りしているなか、緊急消防援助隊の方々が、亘理・山元両町のために一生懸命活動している姿が眼に浮かび、思わず目頭が熱くなった。

今回の津波は一〇〇〇年に一度（八六九年の貞観津波から）の規模だといわれている。現在も余震活動が活発であり、揺れや津波による二次的な被害も懸念されるなか、教訓を生かし地域の安心、安全な街づくりのため、さらに努力していきたいと思う。

兵庫県隊との再会に感動

消防本部予防課　末木清一（60歳）

大震災から一二日目の三月二三日午前、山元分署指揮所前で、世の中にこんなにも似た方がいるものかと自分の目を疑った。それは九日前に山元町で緊急消防援助隊として一時間余りの活動途中で、南三陸町に転戦を余儀なくされた兵庫県隊長の桂さんに瓜二つの人物であった。

しかしその人物は、兵庫県隊四次派遣隊長として二回目の派遣となった桂敏美兵庫県隊長本人であった。山元分署指揮隊長の私は、再び兵庫県隊が山元町に戻り、支援活動をおこなうことへの感謝と頼もしさを感じ、目に熱いものが込み上げて来るのを抑えるのが精一杯だった。

桂隊長とは積もる話もあったが、午後からの検索活動についての打ち合わせをおこなうため山元町災害対策本部に出向いた。本部長の齋藤俊夫町長は、「前回の分までこの山元町での活動を期待します」と話された。

今回の大津波により、太平洋南北一一キロメートルの海岸線に六地区の集落が存する山

亘理消防署山元分署に結集した緊急消防援助隊兵庫県隊

元町の被害は、三月二三日時点で、人的被害は、死者四五二人、行方不明者四六五人、負傷者九〇人、避難者数三四五〇人、物的被害は、家屋二五〇〇戸流出となっていた。

午後の活動現場は調整本部（役場、自衛隊、消防団、警察署、消防署）との話し合いにより亘理町と隣接する牛橋地区と決定した。この地区は海岸線から内陸一キロメートルに位置し、被災前は松林や家屋が建ち並んでいたが、七メートル以上の津波により砂が押し寄せ、瓦礫が散乱し、家屋は基礎だけが残る状況であった。

活動にあたっては、津波による瓦礫や堆積物により、道路が狭隘となっているうえ、他機関の車両の往来もあり、大型消防車両を駐車するスペースを確保できず、さらには活動中に余震があり、時には津波注意報も発令されたので、活動隊員をいつでも避難させられるよう、車両は山側を向けて待機させた状態でおこなった。

悲惨な現場から行方不明者を発見し一刻も早く家族の元に返してあげたい、との一念で懸命に作業を進めた。

結びに、過酷な条件の下、緊急消防援助隊として山元町住民のために活動いただいた皆さんの今回の御労苦に対し、心よりお礼と感謝を申し上げます。復興に何十年とかかりますが、必ず新生山元町が誕生します。

東日本大震災●消防隊員死闘の記

神戸市消防局（兵庫県隊）

地震発生から約1時間後、神戸市消防局は出動に備えて作戦室を立ち上げた。午後8時57分、消防庁からの出動指示を受け、緊急援助消防隊の兵庫県隊の一員としてまず16隊66人が東京へ向かった。途中、地震が発生した長野に応援のために立ち寄り、その後福島県郡山へ。しかし消防力は間に合っていたため宮城県の山元町へ行き14日朝から活動を開始した。ところがその直後、「行方不明者1万人」という情報もあり南三陸町へ移動を指示される。同町で約1週間捜索活動などを行なったのち再び山元町へ移動、陸上隊員は4月24日に任務を終えた。この間11次にわたって隊員を派遣、またこれとは別に航空隊や福島第一原発の事故への対応などに隊員が派遣された。

神戸から東北の地へ

神戸市消防局　局長　村上正彦（59歳）

三月一一日、「あっ、何か揺れている」の声で地震発生を知り、テレビなどからの情報でとてつもないことが起きたと直感した。まず、神戸市内、兵庫県下の被害がないことを確認させ、午後三時に会議を開き、四〇分に我々がなにをすべきかを検討する作戦室を立ち上げた。地震発生現場からの距離をみれば、兵庫県隊は、緊急消防援助隊の出動範囲外であるが、この津波の凄まじさからして、必ず我々も出動しなければと考えた。

テレビで津波の映像を見ると大変な事態が想像できた。おそらく現場では救援を求めており、一六年前の状況からこういう場合声を出せないところが一番ひどい被害を受けていると考えた。

午後四時一五分には国（消防庁）から、最初の出動を打診する連絡がきた。しかし、その後なかなか出動指示が来ないので、独自に出動の準備を開始した。神戸市消防局としては、阪神・淡路大震災で各方面から大変な応援をいただいたことから、こういうときこそ恩返しをしなければいけないという思いを皆がずっと持っていた。神戸市内で東北地方の地図を買い集めたり、燃料、食料、飲料、使い捨てカメラなどこの先必要と思われる物品の調達をはじめた。

「被災地支援は我々の使命」という局の方針を定め、午後八時三〇分に神戸市消防局の一〇隊からなる先遣隊を全国消防長会の東北支部長でもあり被害も大きいと考えた仙台市に向けて出動するよう指示した。その後、午後八時五七分、消防庁から正式に兵庫県隊に対し出動の指示が出た。大阪隊、京都隊はすでに指示が出ていて出発しており、そこからの情報によれば東名・名神高速道路は大渋滞だという。兵庫県隊は、まず最初は東京へ向えという指示を受け、中央自動車道経由で東京へ向かった。

神戸市消防局は、総数一四三七人のうち約一〇〇〇人が三交替で勤務をしており、日々約九〇隊三三〇人の規模で市内の通常警備をおこなっている。ここから一六隊六六人を派遣することにした。兵庫県内の各消防から構成される兵庫県隊としては合計六四隊二五二人が派遣されることになったが、神戸市消防局がこの兵庫県隊の隊長を務めることになっていた。

以下は、兵庫県隊の動きである。

中央自動車道を行く途中、一二日午前三時五九分に長野県で震度6強の地震があり、兵庫県隊は急きょ長野県に向かうよう指示を受けた。すでに東北への応援隊を出している長野の消防が手薄になっていることもあり長野の消防業務の応援をするためである。

しかし、長野県庁へ到着して調査の結果、活動の必要なしということで、同日午前一一時過ぎには福島方面へ向かえという指示を受けた。

翌一三日〇時四五分、福島県郡山市へ到着した。このあと福島第一原子力発電所で爆発があり緊張が走った。郡山ではすでに応援隊が入っておりこの段階では消防力は間に合っているということで、今度は宮城県からの要請により、同県山元町へ向かうように指示を受けた。

山元町は福島県との境に位置し、一三日午後五時に山元町での活動を開始した。山元町を管轄する亘理消防署山元分署に兵庫県隊のうち救急隊五隊、一〇トン水槽車二隊、消火隊二隊を待機させ、活動の支援をおこなわせた。午後八時三〇分、山元町役場において開かれた山元町災害対策本部会議に出席した。これを受けて、午後八時四〇分には、山元分署において消防部隊の活動方針を決定のうえ各隊に示達をおこない、仮眠をとって翌一四日の朝七時から活動に入った。

ところが、活動を始めた直後の午後八時四〇分に宮城県庁消防活動調整本部から、同県北部の南三陸町へ移動するよう転戦命令が出た。南三陸町では行方不明者が一万人いるという情報だった。山元町の期待もあり活動を継続したいところだったが、同町での活動は現地で活動を始めた奈良県隊に託して、兵庫県隊長は断腸の思いで転戦を指示した。

神戸でこの報告を受けた私は、消防庁に電話をした。「現場の情報が混乱しているのは理解できる面もあるが、長野県から郡山市、そして山元町で一度活動を展開している全部隊に転戦を命ずるとは、一体どういうことですか」と。

その後、兵庫県隊は地震によって被害を受けた道路をなんとか進み、宮城県庁を経由して一五日午後六時一〇分に南三陸町に到着し、約一週間同町内で行方不明者の検索活動や火災警戒などにあたった。その後、二二日に同調整本部から兵庫県隊は再び山元町での活動をせよとの指示があり活動場所を移動した。

三月一七日午前六時三〇分に市民防災総合センターで出迎えた一次派遣隊は、無念の思いでボロボロになりながら帰神してきた。

兵庫県隊全体としては、第一次派遣につづき二次、三次と派遣隊を送り、現場で活動を交代した。神戸から現地までは当初片道二〇時間ほどかかり、各隊は現地での活動を四日間おこなう、三日移動四日活動の体制で活動をし、後続の隊と引き継いだ。この間常に二つの派遣隊が神戸を離れることになり、神戸市内での警戒にも注意を要した。

また、神戸においては震災直後から作戦室に「後方支援本部」を立ち上げ、泊まり込みの体制をとり派遣体制の決定や情報収集をおこなった。阪神・淡路大震災のときの経験か

夜間ミーティング

ら燃料などの補給体制が重要と考え、新潟に現地とをつなぐ「補給基地」を設け、ここから活動現場へ物資を送った。

陸上の部隊は最終的には一一次まで派遣し四月二四日で終了した。航空部隊はその後も五月一四日まで活動を続けた。

これとは別に、福島第一原子力発電所の事故への対応として、三月二九日から四月二日まで神戸市から「福島第一原子力発電所派遣隊」を派遣した。東京消防庁に続き、政令指定都市の消防が順番で対応するというものだった。原発事故は消防機関として経験のない未曾有の事故であったが、消防庁長官から電話があったとき、神戸市民を代表して国難に立ち向かう必要があると考え、市長、副市長、危機管理監に連絡するとともに、幹部会議を招集し方針を伝えた。

急きょ編成した派遣隊の人選については、年齢は考慮せず現場での活動能力を考えた。辞退する職員がいても仕方がないと思っていたが、実際は「自分が行く」と率先して皆手を挙げた。現場では、核燃料棒を浸けたプールへの注水作業に備え待機していたが、他の手段での放水体制が構築されたため、実際の活動はなかった。

これらの派遣中、職員は良く頑張ってくれたと思う、神戸市民の応援も心強かった、と感謝している。

神戸市消防局を含む兵庫県隊は、言うまでもなく阪神・淡路大震災のときに全国から応援、支援をいただいた。さらに豊岡市や佐用町などでは水害時に、尼崎市はJR西日本の事故のさいに応援を得ていることもあって、兵庫県の消防は自分の地域も大事だが応援も大事だという気持ちが非常に強いと思う。

そして、一般に消防の仕事についていえば、活動するのが自分のまち、そこに住む人たちを救う気持ちが強いから、使命感も強いのではないか。危険の中へ行くのが前提であり、そこでどこまで活動するかについては、最終的には現場にいる人間が判断するしかない。

今回、東北での活動をとおしては、東北の人たちの辛抱強さに敬服した。しかし、かつての神戸と同様に、これからも被災地には調査や視察、また報道機関など多くの人が来るだろう。教訓を伝えていくため、そこでまた辛い思いをされるかもしれない。神戸も毎年一月一七日を迎えることが最初の頃は辛かった思いがある。忘れたいことも多い。しかし忘れてはいけないことでもあり難しい。

振り返れば、今回、十分な活動ができたとは言えないが、阪神・淡路大震災のときの経験からも現場に応援隊がいるだけで心強かったという点で少しは役割を果たせたと思う。もちろんそれだけでは不十分であり、近い将来起こる広域巨大地震災害にたいして今回の活動からの教訓を後世に引き継ぎ減災に繋げていきたい。

兵庫県隊長として、できることを全力で

【第一次・第四次・第八次派遣隊】警防課　桂　敏美（52歳）

三月一一日、第一次隊の兵庫県隊長として六四隊二五〇人を統率して東進中、長野県北部で震度6強の地震が発生、「兵庫県隊は長野県に向かえ」との指示を受け、一二日早朝、震源地に近い長野県の栄村で救助活動をおこなうべく、進出拠点である飯山市に到着した。被害調査したヘリからの報告で、「緊急消防援助隊の活動の必要なし、兵庫県隊は福島県方面に向かえ」の転戦命令を受けた。

福島県の野営地である郡山カルチャーパークに到着したのは夜中で、この時点で走行距離は一一〇〇キロを越えていた。一三日朝、兵庫県隊の活動場所は宮城県亘理郡山元町と決定し出発した。山元町に到着、先に活動していた愛知県隊から活動を引き継ぎ、山元町災害対策本部と活動調整後、全員に「被災した山元町の期待に応えるため、全力をあげて活動する」と示達した。

一四日は早朝から活動を開始。兵庫県隊を激励するため、山元分署に亘理地区消防本部消防長が到着し挨拶中、突然、宮城県庁に設置された緊急消防援助隊消防応援活動調整本

部（以下調整本部という）から、「一万人以上の要救助者がいる南三陸町に転戦してほしい」との指示を受けた。懸命に活動する隊員の姿が眼に浮かび、「すでに活動を開始しているので、別の隊を向かわせてほしい。それが無理なら指揮隊が先行し、部隊は活動終了後に転戦させたい」と申し出たが、「山元町は愛知県隊で対応できるので、兵庫県隊はすぐに転戦してほしい」とのことで、やむなく活動中止・転戦を決断した。

災害対策本部にいる指揮隊員から「町長が激怒している」という報告を受けた。亘理地区消防本部消防長に転戦の経緯を説明して詫びるとともに、愛知県隊長に早期の部隊交代を要請した。引き揚げてくる隊員は皆、沈痛な面持ちだった。「気持ちは痛いほどわかる。この悔しさは、南三陸町の活動で晴らそう」と示達した。

南三陸町への陸路途絶のため、調整本部の指示で、いったん宮城県庁へ向かうこととなったが、途中、兵庫県隊に深々と頭を下げてくださる方々が多くいた。後日、「兵庫県隊を見て感激した」というメールが送られてきた。新聞にも掲載されていた。「被災地に安心感を与える」ことも大事な任務であると強く思った。

宮城県庁の調整本部で「南三陸町は甚大な被害を受けて壊滅状態であり、道路は寸断され、京都府隊は徒歩で進入した。京都市指揮支援隊と京都府隊とも連絡がつかないため、兵庫県隊は自隊の努力によって京都市指揮支援隊を見つけ出して南三陸町へ入るよう」指示を受けた。とりあえず石巻総合運動公園に集結、ここから京都市指揮支援隊と接触するため、西宮市の救助指揮車（四輪駆動車）に同乗し、南三陸町方面に向かう。

何とか京都市指揮支援隊を探し出し、やっとの思いで南三陸町に到着、ようやく立ち上がったばかりの災害対策本部で兵庫県隊は未だ状況のつかめない歌津地区を捜索することが決定した。しかし、翌朝には第二次派遣隊が到着する。第二次派遣隊との交代をどうするか、「被災地のために、少しでも活動したい」、これが第一次派遣隊全員の正直な気持ちだった。そこで、第一次派遣隊は昼まで南三陸町で捜索活動および救急活動を実施し、活動の継続性と流れがわかるように現地で第二次派遣隊に引き継ぎをおこなうことにした。

早朝、活動を開始した。凄まじい光景に、誰もが声を失った。道路も小型車がやっと通れる状況だったため、活動現場まで隊員を救急車でピストン搬送していたが、途中、救急車を見た住人からの搬送依頼が相次いだ。また、駆け込みによる林野火災の対応や災害対策本部から別件の林野火災の出動要請等で、アッという間に時間が過ぎていった。すでに到着し、路上待機していた第二次派遣隊から「いつまで待機させるのか」という罵声を浴びた。南三陸町での野営地が決まらず、後方支援隊が石巻市に移動したとの報告を受け、現地での交代を断念し、一三時をもって活動を終了・撤収を指示した。

各隊とも朝から飲まず食わずの活動、終了後も一滴の水さえ与えることができず、申し訳ない気持ちだった。救急隊待機所も現場交代ができなかったため、いったん撤収という、被災地にとって冷たい指示を出すほかなかった。山元町での活動中止に続く、活動中止命令。何のための派遣だったのかという無念さ……。現地の解散式で、「全員の悔しい思いは忘れない。緊急消防隊の派遣計画やマニュアル、これまでの訓練がいかに絵に描いた餅だったか、この悔しさを必ず次に活かす」と示達した。

◆第四次隊として再度、山元町へ

三月二二日、第四次隊として出発。活動先は塩釜地区の予定であったが、あれからずっと気になっていた山元町に急きょ変更になった。野営地到着、交代後、すぐに山元町へ向かった。一〇日ほど前に見た状況のままであったが、山元町では約五〇〇人の方々が亡くなり、未だ数百人が行方不明で、宮城県内でも大きな被害を受けた市町村のひとつとなっていた。第一次派遣隊の転戦で町長が激怒したと聞いており、町長と会うのは辛かったが、「戻ってくれてありがとう、よろしくお願いします」との言葉をいただき握手。

町長の潤んだ目を見て「今度こそ期待に応えなければ」と決意した。とにかく限られた時間内で、できるだけの活動をおこなうため、第三次派遣隊と交代すると、すぐに捜索活動を開始した。町全域が断水、一〇トンタンク隊に火災対応を命じたところ、「野営地に戻らず、ここで常駐警備させてほしい」と申し出があり、山元分署で二四時間対応を開始した。野営地の宮城スタジアムから山元町までは高速道路で片道一時間三〇分。活動は日没までしかできないため朝早く出発する必要があり、後方支援隊は朝食に合わせて昼食のおにぎりも作るので、毎朝四時に起床して準備していた。

山元町では、未だ水没したままの地区もあり、消防は活動できる範囲での捜索活動となったが、第一次派遣隊時に水没し被害の大きな地区には、まず自衛隊の機械力を投入して道路啓開をおこなって捜索活動の足がかりをつけ、消防は、対処できる部分から活動を開始し、捜索範囲を広げていくことで活動調整ができており、自衛隊と共通の図面に共通のメッシュ番号を入れて、情報の共有化と捜索エリアの塗りつぶしを決めていたが、このまま引き継がれていた。

この派遣では自衛隊との連携を重視し、山元町災害対策本部の調整会議では自衛隊が遺体を発見した場所や発見状況も、必ず毎回聞くようにした。これまで何度も消防や自衛隊が捜索した場所からも発見されており、発見場所や発見状況を聞くたびに繰り返し捜索する必要性が感じられ、これが、「自衛隊が捜索した場所を消防が再捜索するのか」という隊員からの問合せにたいする答えでもあった。

自衛隊の捜索活動は、まず目視の確認、続いて人員を投入して平行に捜索、最後に重機を入れて瓦礫除去という流れでおこなっているが、水没箇所では日々水位が下がって状況が変わっているため重機が活動している場所以外は繰り返し確認しているとのことだった。そのため消防も、自衛隊が捜索したエリアでも重機を投入するまでは捜索してほしいとの要請を受けた。

山元町で自衛隊を指揮する連隊長とは「この捜索活動は自衛隊と消防の連携活動で頑張りましょう」と握手を交わした。

ここでは、常に山元町における消防の責任者である亘理地区消防本部の予防課長とともに、山元分署内に設置された指揮所に留まって指揮するよう心がけた。ここに災害対策本部からの要請や連絡が入るため、即座に判断し指示がしやすく、山元分署の消防隊とも連携が取りやすいためだった。自衛隊から鋼材の切断要請があったときも、すぐに活動隊を派遣でき、自衛隊との連携強化にも役立った。

一方、野営地である宮城スタジアムは、山元町から離れているうえ、山元町との寒暖差は激しく、夜中の積雪でテントが相次いでつぶれるなど、寒さの厳しい場所であった。朝に受け取ったおにぎりは石のように硬く凍り、雨でずぶ濡れになっても着替えに戻ることもできなかった。さらに山元町災害対策本部の調整会議で、一人山元町に残っているとき、震度5弱の余震があった。震源地は野営地の宮城スタジアムに近い場所だった。すぐに野営地と山元町の両方面の情報収集を実施したが、何かあってもすぐに駆けつけられないというもどかしさ。

活動場所と野営地が離れていることによる問題だけでなく、山元町からの強い要望もあり、野営地を山元町に移せないかという思いが日増しに高まっていった。そして、宮城県調整本部との交渉の末、兵庫県隊の宿営場所を移してもよいとの返事を得たが、宿営地の変更は第五次派遣隊への申し送り事項となった。不便な宮城スタジアムにあって、トイレはいつもきれいだった。誰が掃除しているのか疑問であったが、後方支援隊の隊員が朝早くに掃除している姿を見て、頭が下がる思いであった。

第五次派遣隊との交代前日、山元分署員が「正直、兵庫県隊のことを怨んでいました。けれど、兵庫県隊が山元町のために一生懸命活動している姿を見て、うれしかったです。ありがとうございました」と言ってくれた。思わず目頭が熱くなった。

翌日の解散式では、「第一次派遣隊は山元町から後ろ髪を引かれる思いで転戦した。ここで活動できなかった第一次派遣隊の無念の思いを、第四次派遣隊全員の活動で晴らすことができた。第一次隊を代表してお礼を言いたい」と第一次派遣隊員の顔を思い浮かべながら示達した。

◆第八次隊、兵庫県隊の活動と被災地の気持ち

四月七日、第八次派遣隊として三度目の派遣。今回から宿営地が山元町の山下中学校体育館に変更となり、ようやく活動隊に温かい昼食を提供することができた。雨に濡れても着替えに戻れるため、隊員の健康管理面が大幅に改善できた。また、災害対策本部の調整会議に救助部隊長（西宮市）や消火部隊長（明石市）も一緒に出席するようにした。そして活動状況も各部隊長から説明してもらうようにしたところ、部隊長としての自覚ができただけでなく、直接災害対策本部の状況が伝わることで、隊員の士気高揚にもつながった。

さらには現場活動隊の指揮者が会議に出席することで、自衛隊の指揮者と協力関係が強まり、何かあればすぐに助け合える状態になっていた。また、避難所の実情把握のため、救急部隊長（姫路市）が災害対策本部に行って避難所の医療体制等実情調査をしてくれたことで、避難所における救急需要を予想することができた。兵庫県指揮隊は神戸市だけではない。各部隊長も含めての兵庫県指揮隊であり、うまく機能していることにいまさらながらに感謝した。

刺激臭の強い農薬の漏洩事故が発生。この活動で空気呼吸器を使用したが、ボンベの充填設備がなく仙台市消防局に依頼した。派遣先におけるボンベ充填をどうするか、貴重な教訓となった。

第一次、第四次、第八次派遣隊と県隊長を三回務めたが、派遣中は「我々にできることは何か」を判断基準に部隊を統率し指揮した。限られた期間中にどれだけの活動ができたか、疑問は残る。しかし、派遣中に地元の方からかけられた言葉が忘れられない。「毎日、兵庫県から来てくれた消防隊が一生懸命捜してくれている。捜してくれているから私たちも頑張れます。たとえ行方不明者が見つかなくても、捜している姿を見るだけで十分です」。

これが、今回の派遣活動のすべてだと思う。我々はヒーローでも何でもない。できることも限られている。だからこそ、やれることを全力でやるだけである。このことを決して忘れない。

三度の派遣から、「拠点なくして活動なし」

【第一次派遣隊・後方支援本部事務局・第一一次最終派遣隊】　司令課　上間義宏（40歳）

地震発生後の総務省消防庁から兵庫県隊への指示は「派遣先は未定、兵庫県隊は東京方面を目指せ」であった。広範囲の被害と被災地の連絡網の崩壊が容易に想像できた。兵庫県隊は六四隊二五〇人の大部隊で東進した。雪によるチェーン規制や地震の影響による通行止めのため、迂回を強いられての長距離走行となった。

出動途上、長野県で震度6強の地震が発生。すぐに消防庁から兵庫県隊は長野に入り活動するよう下命された。しかし長野県庁での情報収集活動の結果、長野県内での応援活動は必要ないことが判明し、昼には福島県への転戦を命ぜられた。一睡もせず再び長距離移動し、夜に福島県庁へ到着した。そこで神戸市指揮支援隊のみが翌朝からの指揮支援活動を指示されるも、兵庫県隊にあっては福島県内においてこれ以上の応援活動部隊のニーズはないというものだった。

「一体いつになったら救助活動をさせてもらえるんや……」

こうしている間にも何もできないまままただ時間だけが過ぎていく。

一三日早朝。兵庫県隊のみ宮城県亘理郡山元町への転戦を命ぜられた。私は神戸市指揮支援隊から一人だけ兵庫県隊に合流して指揮支援活動を実施することとなった。再びの長距離移動の末、一四時三〇分に転戦地に到着した。しかし愛知県隊がすでに活動しており、兵庫県隊は翌日から活動してもらいたいと山元分署の指揮官に告げられた。

「一刻も早く被災者のために活動したい……」

逸る気持ちを抑え、指示に従い待機した。

その日の夜、山元分署の指揮官と二人で災害対策本部での各機関連絡調整会議に出席し、兵庫県隊の翌日の活動エリアと任務が決まった。私はその席で、阪神・淡路大震災で支援していただいたお礼とそのときの恩返しという気持ちで兵庫県隊は精一杯活動させていただくことを伝えた。

一四日早朝、待ち望んだ救助活動に着手した。が、しかし……。開始してすぐに今度は宮城県南三陸町への転戦命令が下された。山元町での活動停止を余儀なくされる。

「何で兵庫県隊だけが活動させてもらわれへんねん！　移動ばかりで俺達は何しに被災地へ来てるんや！」。

広範囲にわたる未曾有の被害と錯綜する情報のなか、特に初動活動において指揮命令系統が混乱するのは、やむをえない部分がある。しかし、かつて阪神・淡路大震災を経験した兵庫県隊だからこそ、「一刻も早く被災地の人たちの役に立ちたい」という思いが強く、誰もがやり場のない気持ちを抑えるのに必死だった。断腸の思いで山元町を後にし、再び長距離移動を強いられた。宮城県庁を経由して夜に石巻市に到着、仮の拠点を確保した。

すぐに、場所もわからない南三陸町の災害対策本部を探して長距離移動し、無線による呼びかけを何度も続けながらようやく辿り着けたその席で、翌早朝からの活動エリアと任務を与えられた。仮拠点に戻り、深夜に兵庫県隊のミーティングを実施した。議論を重ねた結果、帰神の出発時刻を遅らせてでも早朝から南三陸町に向かい、救助・救急・消防活動を実施しながら第二次派遣隊に申し送り、引き継ぐという方針に決まった。時間はすでに深夜三時を回っていた。各隊員は狭い消防車両内でわずかな仮眠をとった。

一五日最終日は朝六時に南三陸町へ向けて出発した。前日夜に食料が絶たれ、その日朝から夕方まで一切飲食できなかったが、誰一人不満を口にする者はいなかった。みんなが活動に飢えていた。今までの思いをぶつけて必死に取り組んだ。

「もっと早く着手したかった……」。

人命救助を目的とした派遣活動の内容としては、誰一人納得できた者はいなかった。それでも、部隊交替までに必死で活動拠点を確保して、第二次派遣隊に引き継げた。先遣隊として最低限の役割を果たせたそのことだけがせめてもの救いだと思いたい。

第一次派遣から帰ってすぐに、私は後方支援本部事務局へ派遣となった。宮城派遣隊（県隊）、福島派遣隊（神戸市指揮支援隊）、新潟派遣隊（補給隊）、原発対応派遣隊の各隊からの要望、手配、情報集約、次派遣隊と帰神隊の準備、県下他都市消防との調整に追われる日々のなかで、どの派遣隊にもそれぞれに苦労があり、それを支える本部、神戸を守る各署の署員、誰もが大変な思いをして、すべてが成り立っているのだと強く感じた。

兵庫県隊については、県下各消防本部の調整をスムーズにして兵庫県隊としての気持ちを一つに結束するためにも、県下ブロック代表消防本部から一人ずつ後方支援本部事務局に要員を派遣させた方が良い方向に機能すると感じた。

四月後半、私は第一一次最終派遣の指揮支援隊として再び山元町への派遣を命ぜられた。救助活動の中止を余儀なくされた、あの山元町だ。私は指揮官に「あのときは本当に申し訳ありませんでした。第一次派遣隊全員が断腸の思いでここを後にしたんです」と詫びると、指揮官は「懐かしい顔が帰ってきてくれたな。言わんでもわかっている」と笑顔で迎え入れてくださった。

今回の派遣では自分たちの任務を遂行することだけに集中できた。私自身も捜索活動に加わり、第一次派遣隊で悔しい思いをした職員の分まで精一杯活動に打ち込んだ。夜勤明けの救急隊と消防隊も、そして後方支援隊も捜索活動に加わり、最後まで皆が与えられた使命に全力で取り組んだ。

全活動を終えて被災地を離れる日、山元町長、地元消防長から涙ながらの感謝のお言葉をいただいた。第一次派遣のことが思い出され、込み上げる気持ちを抑えるのに必死だった。第一次派遣のメンバー全員がこの場にいてほしかったと思った。ずっと引きずっていた思いを、最終派遣でようやく静め整理することができた。

転戦の連続で活動拠点もなかった第一次派遣から始まり、その後活動拠点が確保され、資器材、燃料補給、食事、ゴミ処理等さまざまな不備が改善されていく過程に携わった後方支援本部事務局への派遣。腰を据えた活動に専念できた第一次最終派遣。三度の派遣で感じたことは、長期になれば不備は改善されていく。しかし、どれだけの大部隊で派遣に臨んでも、活動拠点がなければその力を発揮することはできない。「拠点なくして、活動はない」ということだった。

沿道の人々の声援に阪神・淡路を思い出す

【第一次派遣隊】　予防課　竹中邦明（37歳）

神戸市から派遣が決定した場合に、私にも派遣隊として現地に行くように指示があってからしばらくして、上司から「派遣者となっているものは一度帰宅し、派遣に備えるように」と言われた。

後から思えば、一時帰宅の指示は本当にありがたかった。最低限の準備ができたことはもちろん、何より家族に会って、直接状況を説明できたことで、惨状をニュースで見て心配している家族に少しでも安心感を持たせてから家を出ることができたからだ。

翌日一二日一二時頃に長野県栄村付近に到着したが、この付近では被害があまりないことが確認されたとのことで、福島県への転戦になった。このころにはすでにかなりの距離を長時間にわたって走行していたため、各隊に渡されたガソリン代の不足などの声を聞くことがあった。

私が乗車していた神消99にはテレビが搭載されていたため、電波が不安定ではあったが、ある程度はテレビによる情報をみなが得ることができる状況であった。

福島県に向かう途中で、原発が爆発したという事実と、その映像のみの情報がある状況のまま、兵庫県隊は福島県へ走り続けていた。結果的に数時間後におこなわれた記者会見により、主要な部分の損傷は見られない模様というような発表があったが、あれがもし、もっと大きな損傷をともなう爆発であったら、どういう影響が出たのかと思う。

二六〇人分の食料というのは米だけでも大変な量で、費用も含めて十分な準備をしておく必要があることを感じた。補給線が絶たれることは部隊活動の終焉を意味する。食器についても、一食で二六〇人分の食器を消費すると莫大な量になってしまうので、ラップで覆った食器に食料を入れて、ラップのみを交換し、使い回すという方法を取ったのだが、ラップすらなくなってしまう状況だった。

現地付近での調達に関しても、どんどん被災地に深く入っていく兵庫県隊と反対に、急速に物資が不足している地域が広がり、かなり困難な状況となっていった。

第一次隊は、初日（一一日）は車内で移動、二日目（一二日）は福島県郡山市、三日目（一三日）は福島県山元町、四日目（一四日）は宮城県石巻市と、連日野営地を転々とし、そのうちテントを張って本格的な野営をしたのは三日目のみ（これも翌日午前には撤収、転戦指示）という状況だった。

山元町に到着した夜、兵庫県隊長より全員に示達があり、「町長以下、兵庫県隊にたいして大きな期待を寄せている」という話があった。ところが、翌日、活動が始まってすぐに転戦を余儀なくされ、町長を含む現地の方々は、兵庫県の大隊が自分の町を去ることをどのように感じていたのかすごく気になる。

宮城県庁（仙台市）で活動している指揮支援隊との調整のために宮城県庁を訪れたときのことも印象深く残っている。現地の沿道には、深々と頭を下げてくださる方々、手を振って声援をしてくれる方々が多数おられた。私は、阪神・淡路大震災を高校生として経験し、そのとき全国各地から応援に来られた方々に本当に感謝の気持ちを持っていた。今回、感謝や応援の気持ちを表現してくださった現地の方々を見ると「あのときの恩返しが少しでもできれば」とあらためて強く思った。

第一次隊は、発災数時間後に出発し、被害状況もあまり把握されていない時期に、非常に難しい状況のなかで転戦を繰り返した。しっかりと腰を据えて救助活動や災害防御活動を実施できなかったことは、活動隊をはじめ、多くの職員が無念さを感じていることと思う。今回の経験と反省を教訓に変え、今後の神戸市の安全安心はもちろん、万一、今回のような他都市への応援を実施するときに生かされることを切に願う。

転戦命令に戸惑いながらも

【第一次・第四次派遣隊】　警防課　下浦正士（60歳）

本部指揮隊は、県下派遣隊を安全に現地まで引率し、以後の活動の指揮を執る隊である。ただ、一隊しかないところから、派遣が続く限り何度でも行かなくてはならない使命を背負っている。第一次派遣（三月一一日〜一六日）、第四次派遣（三月二二日〜二八日）。私はそのまま定年退職となったが、他のメンバーは四月七日には第八次派遣として出動した。

◆第一次派遣

桂県隊長以下五人は、地震発生とともに、出動準備（大型支援車に資器材を積載、個人装備の準備）、兵庫県庁で情報収集、二〇時三〇分神戸市消防局長命で派遣命令、二〇時五七分消防庁から派遣要請を受け、二三時二〇分出発した。途中、東名高速道路が渋滞との情報で、派遣ルートを中央自動車道に選定した。

兵庫県隊を引率しながら東北方面に向け移動中、長野県北部で「震度6強」の地震発生に伴い、兵庫県隊は「長野県に向かえ」との指示を受け長野県に向う。

さらに長野県に到着後、福島県に活動場所を変更との指示があり、そのまま福島県に向け移動するなかで一五時三六分「福島第一原子力発電所一号機爆発」。

途中、阿賀野川SAで情報収集、翌日一三日一時一五分集結場所福島県（カルチャーパーク）にやっと到着。出発から二七時間。精神、肉体的に疲れきったなか、寒さに震えながら狭い車内で仮眠する。

一〇時一五分またもや活動場所の変更、兵庫県隊は、宮城県知事の要請により、宮城県山元町に向かうこととなる。

一四時三〇分山元町立山下中学校グランドに集結、同グラウンドを活動拠点として野営（テント設営、自炊）する。

翌日の活動をするために二〇時ごろから亘理消防署山元分署にて、各本部小隊長が集合し、現地実態把握、以後の活動、分担指揮と、時間をかけて細部調整する。

もう日が変わっている。少しの仮眠。

翌日一四日六時〇〇分各自昼食用のおにぎり一個を持参し、現場に向かう。七時〇〇分亘理消防署山元分署に指揮所を設営、全隊三方面に分散し、活動開始するも、八時三〇分転戦命令、「いまだ手づかずの宮城県南三陸町」へと指示があり。昨日夜間から翌日まで

亘理消防署山元分署、予防課長と桂兵庫県隊長の連携

の打ち合わせは何だったのか！　みんなストレスがピークに達する。

それを切実に理解している桂県隊長は苦渋の転戦指示を出す。亘理地区消防本部予防課長、分署長に活動できないお詫びをいいながら部隊を統率し、一時的な車両集結場所として宮城県調整本部から指示された宮城県石巻市総合運動公園に向かう。

一七時ごろ兵庫県隊は石巻市総合運動公園に到着、一日だけという条件で車内で宿泊する。

桂隊長は西宮市の救助部隊長と南三陸町に向かい、南三陸町災害対策本部、京都市指揮支援隊等と活動方針を検討、二二時ごろ活動拠点に引き返し、各ブロック長等に翌日の活動方針を示達する。寝るのは一五日と日が替わっていた。もう四日間も着替えずそのままの状態、精神的にも肉体的にも疲れきったなか、その何十倍も疲れている桂県隊長、山端隊長補佐。トイレはお互いライトを照らしながらのバケツ水で洗浄、エアーテント内で寝袋にくるまるも、寒さに耐えられず車内に移動、狭いが暖房を効かしうずくまる。

翌日、後方支援隊も場所を離れるため朝食の準備ができない。翌朝、朝食なしで六時に第一陣出発、そのころ福島第一原発二号機が爆発する。七時に第二陣が出発し、南三陸町で捜索活動を開始する。

南三陸町に移動していた後方支援隊が再度石巻に戻ったとのことで、南三陸町で活動する第一次隊は飲まず食わずのまま、午後三時ごろまで活動して、全隊が石巻市総合運動公園に戻ったのは、午後五時半ごろ、第二次派遣隊への引継ぎ後、夕食、そして神戸に帰る準備、午後六時三〇分にバスで帰路につく。

出発時から悪環境、寒波、吹雪と余震、原発爆発、活動場所の変更、さらなる変更、さらに活動開始後の変更、二七時間の吹雪の中の走行、県隊の引率、活動場所と活動拠点の変更につぐ変更、十分な活動がおこなえないなかでの隊員のストレス。疲れ切ったなかでの最終活動一五日に、朝、昼食なしで、みんな文句もいわず、黙々と活動をおこなっていた兵庫県隊には、頭が下がる思いだった。

◆第一次派遣を教訓に第四次派遣

使い捨てカイロをたくさん持参し、寝袋の周囲に張り付けて寝た。温かかった。ところが、エアーテントが大雪に耐えかね、屋根が自分の顔近くまで接近、倒壊寸前。みんなで屋根を持ち上げ、起こすこと数回。

朝は一面銀世界、大変な一日だった。それでも出発前には後方支援隊から「みんな、おにぎりをもって行ってください」との声で、片方のポケットにおにぎり二個、もう片方に二個をもって、ベースキャンプ（宮城スタジアム）から一時間三〇分かかって、第一次派遣で十分に活動できなかった亘理消防署山元分署で指揮所を設営、亘理地区消防本部予防課長と分署長と再会、連携よく三日間活動するなか、自衛隊とも相互連携ができ、コミュニケーションの大切さを痛感した第四次派遣であった。

広大な捜索範囲のなかで

【第二次派遣隊】　北消防署北神分署　**井上雅文**（55歳）

地震当日、テレビで信じられない光景を目にした。防波堤を乗り越え車、家、船を押し流すすさまじい津波の光景で、阪神・淡路大震災では想像もつかない情景である。

第二次派遣隊として一四日神戸を出発し一五日より一九日までの五日間にわたる活動を通じて津波の脅威を肌で感じた。

活動は、一六日、南三陸町寄木地区、田尻畑地区、下保呂毛地区、一七日、波伝谷地区、津ノ宮地区、滝浜地区、一八日、波伝谷地区、水戸部地区の人命検索、捜索活動を実施した。

災害対策本部より活動地区の指示、詳細な地図、住民情報は津波により消失し大まかな地図一枚に示された場所を検索することになったが、人命情報等詳細な情報がないまま現地に赴くこととなり、情報収集から活動地区の特定をおこない人命検索、捜索活動をおこなわなければならなかった。

寄木地区へは救助工作車が進入できず、救急車での送迎、県隊指揮、災害対策本部との無線通信が直接できず中継車両を配置するなど現場進入、連絡体制についての対策が必要であった。

現地で住民の方に場所の確認をおこなうと、必ず区長のところに案内された。区長は、地域の状況を完全に把握されており的確な情報を得ることができ、また、地元消防団の方々が中心となり一度は捜索活動が実施されていた。消防団の方に現場案内をしていただいて現場状況確認も把握することができ、活動計画を立てるうえで有効な情報であった。常日頃からの住民間のつながりを垣間見ることができた。

災害状況は、地震により倒壊した建物ではなく、津波により押し流された建物、元にあった場所には基礎のみ、遠く離れた場所に家屋を発見、建物の二階にトラックが、山の中腹には漁船、魚網、浮き等漁で使われていた物が……。

活動をおこなううえでの安全対策、津波警報発令時の連絡体制、活動隊への連絡、避難場所の選定等活動をおこなうまでの対策が必要であった。消防無線が直接災害対策本部、指揮所に通じないために中継車両を配置し連絡体制を確保した。携帯電話は不通であった。

活動にあっては、重点検索場所（建物内、斜面地、瓦礫が集まっている場所、畦等凹凸がある場所、河川等）を取り決め除去可能な瓦礫を除去、一方向ではなく多方面からの目

雪道での移動

視による確認をおこなうように意思統一を図り検索、捜索活動を実施したが範囲は広大であった。

一七日は朝から大雪となり気温マイナス七度のなかでの活動となった。三陸自動車道路ではタイヤチェーンを装着、約二時間を要し陸前戸倉に到着、車両を駐車し地元消防団長の誘導により徒歩で津ノ宮、滝浜地区へ向かった。雪の中、足元はぬかるみ、橋が流されているため渡れる場所を探し、寸断された国道沿いに進入すること約二時間、滝浜地区に到着。

地区消防団の方の話では、一度はみんなで捜索をおこなったが発見できなかったとのことであった。日没までの時間を逆算し三時三〇分までの活動とし、約二時間三〇分の活動となった。不明者の居住場所、当時の状況を聞き検索場所、範囲を定めて活動、遺族の方からの要望に応じての捜索活動を実施した。

ベースキャンプから現地までおおむね一時間の予定が二時間、徒歩一時間の予定が二時間と現場到着まで時間を要し活動時間に制約があるなか、長時間資器材を持参しての移動、活動。

隊員は泣き言一つ言うわけでもなく全力で人命検索活動を実施。神戸隊のモチベーションの高さを感じることができた。

救助工作車が進入でき、重機があればもっと違う活動ができたのでは……、人界戦術には限界が……、思いは色々ある。

阪神・淡路大震災とはまったく違う災害であり、津波の破壊力に驚くばかりであった。

神戸の震災時の記憶がよみがえる

【第二次・第三次派遣隊】予防課　北山知己（48歳）

三月一四日から二四日までの間、福島県に神戸市指揮支援隊として活動してきた。兵庫県の消防学校からバスに乗り込み、福島県に到着したのは日付が変わった深夜の一時過ぎ、福島西インターでバスを降り、深夜の冷え込みがきついなか、福島県庁に着いたのは午前二時前になった。今までの活動内容や明日の活動予定等を教えてもらっているうちに時間はまた過ぎ、とりあえず廊下等空いているスペースを見つけ、その日は仮眠をとることになった。

さっそく会議は朝の六時から始まり、寝不足のなか、活動初日が始まった。内容は、福島県内で活動する岐阜県隊、群馬県隊、静岡県隊の指揮支援で、活動の主な場所は新地町、相馬市、南相馬市。地元の災害対策本部や地域の方々の要望をもとに、捜索活動や救急活動等を各県隊に伝え、コーディネートしていくことである。

早朝から県庁を出発し、片道二時間程かけて現地に向かい、相馬消防の新地分署で事務所の一角を活動拠点として提供していただき、いっこうにおさまることのない余震やそれに伴う津波等の危険のなか、活動している隊員が安全に活動できるように情報収集や活動隊への発信等、安全管理面が中心の活動である。

とはいっても、予定どおりの活動とはなかなかいかず、地元の工場で危険物漏洩騒ぎや津波で流されたプロパンボンベのガス漏れ事故、結果的に誤報だったが、津波で人が流されたという情報等、各県隊が救助活動を実施している最中の予期せぬ出来事がいろいろと起こった。特に、福島第一原子力発電所から三〇キロ圏外の地区でもあったため、いろいろな情報が飛び交うなど、けっこうばたばたした毎日だった。

そんな環境のなかで、相馬消防の新地分署の方々とは、初日、二日目と日を重ねるにつれて顔見知りにもなり、会話も自然に増え、いろいろと手伝っていただいたり、昼食におにぎりをいただいたりと親切にしていただき、感謝の気持ちでいっぱいだ。おにぎりは、地元の方々が朝から役場で作られていたようで、とても美味しかった。

活動予定の日数も終わりに近づき、まだ行方不明者が多数残っているという現状のなかで福島を後にするというのはなんとも中途半端な感じだったが、分署や役場の方々にあいさつをしに行ったときに、眼を潤ませながら「ありがとう」という言葉をいただき、あらためて福島に来て、多少なりとも支援ができてよかったなと思った。

福島県に最初来たときは、水道やガスが止まっているため、当然暖房もなく、また屋外には仮設トイレが多数設置されている状況を見たときには思わず神戸の震災のときを思い出し、あのときはこんな感じでライフラインの復旧や街の復興までにだいぶ時間がかかって苦労したな、東北の復興もしばらく時間がかかるんだろうと思うとなんとも言えない気持ちになった。

一緒に活動した仲間と、数年先にこの街が復興されたときに、もう一度この場所に来て、分署や役場の方々と再会してみたいなと、話をしながら神戸に帰ってきた。

東北の人の謙虚な優しさに打たれ

【第三次派遣隊】長田消防署　山本大二郎（39歳）

三月一一日夕刻、非番日だった私は、自宅から少し離れた場所を車で走行中、何気に付けたラジオから「東北地方で大きな地震が発生、各地で大津波警報が発令されています」との放送を聴いた。このとき私は地震の被害の大きさがわからず、「もしかしたら、津波警報で参集がかかるかも……」くらいに考え帰宅を急いだ。

幸い、神戸市の沿岸部にたいしては津波注意報に止まり、私の参集はなかったものの、テレビでは仙台空港に津波が押し寄せている映像が映し出されていた。被災地の被害状況が判明してくるにつれ、津波により浸水した場所での排水作業や救出活動において、昨年末に長田消防署に新たに配備され、救助隊が管理担当をしている長田１００（大容量ポンプ車）、長田１２０（ホース延長車）で被災地に行けば有効活用できるのではないか、という考えが頭を過り、長田救助隊員にたいし、派遣の可能性があることと、気持ちの準備をしておくように伝えた。

日に日に津波による甚大な被害が伝えられるなか、所属で長田１００、長田１２０の取り扱い訓練をおこない派遣に備え、発災から一週間たった三月一八日、第三次派遣、特殊車隊として宮城県南三陸町へ向かうこととなった。

先遣隊から、特殊車隊の現地での活動は行方不明者の捜索活動との情報が入ったため、大容量ポンプの活用から捜索活動へと頭を切り替え活動に備えた。南三陸町の映像はテレビを通じて何度となく映し出されており、行方不明者が多数であることも、津波により家屋が倒壊していることも頭の中ではわかっているつもりだった。しかし、いざ被災地に足を踏み入れると想像を遥かに超える被害に言葉を失った。

我々が活動した南三陸町合同庁舎付近は、海岸線から二、三キロメートル離れており、高台に登れば遠くに海が確認できる場所であったが、その場所は泥と瓦礫で埋め尽くされており、とても町があったとは想像できない光景が広がっていた。

阪神・淡路大震災の経験では、どの倒壊家屋の下に要救助者がいるという情報が比較的多く入手でき、その情報を元に捜索活動をおこなうことができたが、今回の災害では、目の前にある倒壊家屋は元々その場所に建っていたのではなく、津波で山の方まで流され、その引き波でたまたまその場所に止まったにすぎず、人命情報がないに等しい状況であった。

瓦礫の山を闇雲に捜索するにはあまりにも広すぎる現場に捜索活動は難航を極め、我々隊員は、要救助者をなかなか発見できない焦りと足場の悪いなかでの活動に精神的にも肉体的にも疲労が蓄積されるなか、二日間にわたる救出活動を終えた。

悔しかった。長田100、長田120という新しい戦力で災害に立ち向かいたい、一人でも多くの人を救出したいという気持ちで現場へ向かったものの、津波による被害はあまりにも大きく、泥と瓦礫の前では大型ポンプ車やホース延長車は無力であった。そして阪神・淡路大震災での経験も活かしきることができなかった。

その後、キャンプ地を石巻から塩釜に移し、石油コンビナートの警備にあたり、予定どおり六日間の派遣を終えたのだが、この六日間の活動中に何度となく被災地の方から「ご苦労様です」「わざわざ神戸から来ていただいて、ありがとうございます」と声をかけられることがあった。ときには笑顔をみせながら……。

そのたび私は、このような状況に置かれてもなお、我々に感謝の気持ちを伝える東北の方々の謙虚な優しさに胸を打たれ、十分な活動ができなかったことに申し訳ない気持ちで、返す言葉が見つからず、ただ頭を下げ「頑張って下さい」としか言えなかった。

手でかき分けながらの捜索活動

【第三次派遣隊】　長田消防署　足立浩司（46歳）

このたびの派遣で、私は第三次派遣隊・長田5小隊の小隊長として、三月一九日から四日間の現地活動に携わった。

活動一日目は、石巻の拠点で第二次派遣隊から留意事項を引き継いだ後、午後から南三陸町へ行方不明者の捜索に向かった。向かう途上、現場の手前でいったん部隊集結して装備を整える。服装は、上下感染防止服、長靴、保安帽、N95マスク、ゴーグル、厚手の手袋。資器材は、小隊でスコップと手とびを準備し、余震と津波警戒のためにラジオを胸ポケットに入れた。

準備が整い現場に入る途中、山林に挟まれた道路のカーブを曲がると風景が一変する。テレビの映像で津波被害の様子は見ていたが、想像していた以上に広範囲であり思わず絶句した。南三陸町合同庁舎前に全隊駐車し、班分け後に活動を開始する。私たちの班は、山裾の杉林内の捜索である。津波により流されてきたものが杉林に引っかかり堆積しているのだ。活動に入る前に隊員に一声かけた。「ここに来られなかった隊員が、一緒に来て活動したかったと悔しがっていた。彼らの分も精一杯頑張ろう」

活動中は、自隊の安全管理に注意しながら活動メモを隊員に取らせ、写真を撮った。記録を残すこと、これは阪神・淡路大震災で活動に携わったときの大事な教訓だ。ただし撮影のさいは、住民がいる前では感情の配慮に注意を払った。結局、この日の捜索では一人も発見できず夕刻に活動を終了し、スクリーニング検査を受け被曝がないことを確認して現場を後にした。

活動二日目は、おにぎりとゼリー状飲料を持参し、九時過ぎから前日の開始地点より海側平野部の捜索をおこなった。

活動を開始してまもなく、この日も津波の破壊力の凄さを思い知らされることになる。鉄骨造の頑丈な建物でさえ基礎を残して押し倒され、その周辺には屋根も船も建材も車も布団も衣服も魚の死骸や海藻も一緒になって埋もれているのだ。家屋の壊れ方が阪神・淡路大震災のときとはまったく異なり、あのときに家屋の倒れ具合や発掘品で寝室を予測し、この辺りと思うところを掘り当てた経験がまったく活かせない。それに、重機がないため重い物を除去することができず、あのときもそうであったように「手」をフル活用しての作業だった。

手で動かせる物を皆で引っ張り出しては、その隙間から人がいないか奥を覗き込む。こうした作業の繰り返しだった。掘り起こしていくうちに、アルバムや家族団欒の写真、子どもの衣類等が次々と出てくる。「何とか無事に助かっていてくれ」と、いたたまれない気持ちを抑えつつ、写真類は捜しにきた家人の目に留まる場所にそっと移し掘り続けた。

　午後からの作業中に、堆積物の下から携帯電話が見つかった。もしかしたらこの近くに持ち主が埋もれているかもしれない。他隊から借りたチェーンソーで倒れた柱を切断し、洗濯機や逆さになった自転車を引き抜いて隙間に潜り込み、臭気に注意しながら強力ライトで隙間の奥を照らして捜索したが、結局発見することはできなかった。

　こうした活動の途中にも、時折、緊急地震速報が流れて地面の揺れを感じることがあった。救助指揮隊長が流してくれる無線情報とポケットのラジオで津波の心配がないことを確認し作業を続けた。「万が一、大津波が来たらあの山に駈け上がろう」。二次災害の防止に細心の注意を払いながらの活動であった。

　夕刻になって、他隊が近くの特別養護老人ホームで複数のご遺体を発見したため全隊でホーム内の捜索をおこない、長田5小隊は西3小隊が発見した高齢女性のご遺体一人の救出を北30小隊と共におこなった。

　活動三日目、四日目は、拠点を石巻市から利府町の宮城県総合運動公園に移し、塩竈地区石油コンビナートの火災警戒と常駐消防の警備支援にあたったが、ここで待機している間は結局、一度も現場に行くことがなかった。消防としての任務を考えると、ここでの警備は重要な任務であることを頭では理解しているものの、まだこの付近で多くの方が行方不明であることを思うとじっとしていることが大変もどかしく、警備をしながらも現場に行って捜索活動がしたかったという気持ちでいっぱいであった。

この四日間を通じて拠点での生活は、後方支援隊の手厚い支援のおかげで、寒さを除けば特別不便な思いをすることがなく本当にありがたいかぎりであった。

派遣を終えた今、このたび得た貴重な経験を無駄にすることがないよう今後の所属研修等で十分に活かし、近い将来必ず発生するとされる東海、東南海、南海地震などの対応に備える心構えである。

もっと何かができたのでは……

【第三次派遣隊】 須磨消防署 大石直基（27歳）

第三次派遣隊は、移動を含め三月一八日から二四日までの計六日間、宮城県の南三陸町と塩釜市で活動した。東日本大震災から一週間と日にちが経っていないため、情報が曖昧な点、また、福島県の原発の影響もあり、派遣隊にとって難しい活動ではなかったかと思う。

神戸市消防職員全員が現地のために何かしたいと思っていると思う。私は救急部隊として派遣隊に選任された。選任された以上、自分の最大限の力を発揮し活動したいと思い現地へ向かった。

三月一八日、消防学校に集結、兵庫県隊と合流し現地の宮城県へ向かった。約二〇時間のバス移動だった。翌日三月一九日の午前六時ころ、ベースキャンプ地の石巻総合運動公園に到着しすぐに第二次隊との引継ぎを終え活動に入った。

南三陸町での神戸市救急隊の活動は、兵庫県隊の救急隊と合同で、南三陸町のベイサイドアリーナという避難所に詰め警備にあたることだった。私の隊は、二一時から翌朝の九時までの一二時間、警備に割りあてられたが、救急出動はなかった。今回の地震で、高齢者から幼い子どもまでの多数の方が避難所での生活を余儀なくされている。避難所の中は、歩くスペースがほとんどないぐらいに被災者が避難されていた。

三月半ばという季節がら、夜中には氷点下近くになる。避難所生活をしている方たちにとっては、余震の恐怖が続くなかでの生活は、体力的にも精神的にも非常に辛くまた厳しいものだと思う。我々はキャンプ地で四日間活動した。物資が不足していることももちろんだが、寒さがやはり被災者にとってかなり負担になっているのではないかと感じた。

南三陸町の被害は、テレビで報道されているとおり悲惨な状況だった。私は、阪神・淡路大震災を経験しているが、倒壊と火事での被害が大きかったと記憶している。今回の東日本大震災は、津波での被害が大きかったため、阪神・淡路大震災とは違った被害風景だった。建物が流され、更地状態になっている箇所が多かった。地震と津波という自然災害の恐ろしさ、また、今回の災害による被害の大きさを自分の目で見てあらためて感じた。

三月二一日からは、活動場所が南三陸町から塩釜市に変わった。ここでの活動は塩釜市消防署に九時から一七時まで常駐警備し救急対応を主におこなった。塩釜市内の病院は、津波による被害により機能維持ができないとのことで、病院から病院に移動する転院搬送に数件出動した。ヘリから中継を受け病院に搬送する転院搬送にも出動した。

捜索活動

一二階のマンションにも通常救急として出動したが、エレベーターが使用できないため、階段での搬出となった。一二階を階段で昇降することは、普段神戸では経験することがないことなので、その点は貴重な経験になった。塩釜市消防職員の方と話す機会があったが、やはり、この寒さとライフラインの遮断が、被災者にとって一番不便なのではないかと話されていた。

普段当たり前のように使用している、水、電気、ガスがいかに重要なものであるか、また、人間にとって必要不可欠なものであると強く思った。塩釜地域も南三陸町と同様に被害は酷く悲惨な状況だった。

第三次隊は、三月二二日に第四次隊と部隊交代し、翌日の二三日に無事に帰神した。自分のなかでは、もっと活動したいという思いが正直なところ残ったままだ。もっと被災者の方たちに何かできたのではないかと思う。たとえば、物資がまだ到達されていない地区があるとの情報を現地で聞いた。救急車はかなりの物品の積載ができる。物資を運ぶのも大事な活動だ。大規模な災害時には、救急隊だからといって救急搬送だけが活動ではないと思う。一つの活動ももちろん大切だが、もっと大きく臨機応変に活動できればよかったのではないかと思う。

今回、事故なく活動できたのは、活動後にベースキャンプ地に戻ったさい、後方支援隊の隊員がバッグアップしてくれたおかげだと思う。

ドロドロに堆積した砂の中を行く

【第四次派遣隊】　予防課　池原彩乃（22歳）

第四次派遣隊として、宮城県塩竈市方面に派遣されることとなり、三月二二日午前九時に神戸を出発した。時間調整等も含め、野営地である宮城県総合運動公園に到着したのは二三日午前七時。この日まで現地で活動していた第三次隊からの引継ぎをおこない、早速現地での活動が始まった。

私は今回、後方支援隊として派遣されており、兵庫県隊総勢一九七人分の食料や燃料の管理、食事の準備等が主な活動内容であった。毎朝午前四時半に起床し、朝食の準備、現場に持参してもらう昼食の配布、燃料調達、新潟補給隊が到着すれば食料等の積み下ろし、テントの暴風・積雪対策、夕食準備、翌日の昼食準備等々、休む暇もなく活動しているうちに、気づけば午後一一時というような毎日だった。

なにより一番厳しかったのは〝寒さ〟だった。初日はテントの中で毛布を敷き、寝袋や毛布にくるまって寝たが、約一時間後にあまりの寒さに目が覚め、それからはとても眠れるような状況ではなかった。翌日からは簡易ベッドを使用するなど寒さ対策を十分におこなったため、寒さについてはある程度改善され、短時間ではあるものの睡眠時間を確保することができるようになった。

次に問題となったのは〝風〟だった。早朝は穏やかな気候でも、昼ごろになると突然暴風が吹きはじめ、テントの固定に追われ、簡易テントなど今にも飛ばされるのではないかというような状況だった。また夜中のうちに〝雪〟が降った日もあった。一五〜二〇センチメートルの積雪があり、雪の重みでテントはつぶれ、睡眠中でも二時間おきに雪かきをしなければならなかった。時折、余震もあり、緊急地震速報にも気をくばりながらの活動であった。このように考えると、後方支援隊の活動もある意味、自然との闘いだったように思う。

私たち兵庫県隊が野営していたのは、宮城県総合運動公園内の臨時駐車場だった。すぐ横のアリーナや体育館等が入った施設は遺体安置所となっており、身元不明の遺体の情報が記載された紙が一面に張り出され、トラックやヘリがひっきりなしに遺体を運んできていた。この災害によってあまりにも多くの方が犠牲となったことを実感した瞬間だった。

二日目には、現場の後方支援という名目で、活動隊とともに山元町に入り、捜索活動をおこなった。そのとき初めて、津波が襲った現場をこの目で見た。なんと表現すればよいのかわからない、あえて言葉にするならば「なにもない」、そんな光景だった。現地にい

被害を受けた常磐線坂元駅付近での捜索

るのは消防、警察、自衛隊などの隊員のみで、一般の方々の姿を見かけることはほとんどなかった。私も幼いころに阪神・淡路大震災を経験しており、それは私の中の〝災害〟というもののイメージが作られた出来事であったが、今回の現場はその想像とはまったく違うものだった。〝津波〟という災害の恐ろしさを感じた。〝津波〟はあらゆる物を文字どおり「奪い去って」しまっていた。

捜索活動は、余震、それによる津波の発生、そして福島第一原子力発電所の事故による放射能に警戒しながらの活動となった。万が一災害が発生したときに現場からすぐさま退避できるよう、活動現場近くに警戒車両を置き、常にエンジンをかけ、機関員が待機していた。最初「なにもない」と感じた現場だったが、実際に捜索活動に入ってみると衣服、靴、椅子、食器、その他あらゆる生活用品がそこらじゅうに散乱しており、そこに人々の生活があったことを痛感した。

捜索は目視、あるいは手とび等で堆積物を掻き分けながらおこなった。地面には津波によって運ばれた海の砂がドロドロになって堆積しており、無用心に歩くと急に底が抜けたり、堆積物に足を取られたりするような状況だったため、手とび等で足元に注意しながら捜索した。

第四次派遣隊として現地では約四日間活動し、二七日の午前中に到着した第五次隊に引き継ぎをおこない、現地を離れた。今回の派遣は、私自身初めての災害派遣だった。災害現場へ足を運んだのは前述の一度だけであったが、活動隊がより活動に専念できるよう、後方支援隊としてできるかぎりの努力はしたつもりだ。とはいえ、反省点も多数ある。反省点、また良かった点もきちんとフィードバックをして、今後の緊急消防援助隊の活動がより良いものになればと思う。

救急部隊としての派遣を終えて

【第四次派遣隊】　東灘消防署　平石明彦（50歳）

我々第四次派遣隊は、宮城スタジアムにベースキャンプを置き、宮城県の塩釜市と亘理郡山元町に分かれて活動をおこなった。福島県との県境のまちである宮城県亘理郡山元町では、人口約一万七〇〇〇人のうち、四三一人の尊い命が失われ、依然として四六五人が行方不明となっていた（三月二三日現在）。この山元町を管轄する亘理地区行政事務組合消防本部亘理消防署山元分署では発災以来、全職員総出で行方不明者の捜索活動にあたっており、本来の消防業務・救急業務に支障が出ていることから、兵庫県隊の救急部隊はここ山元分署での救急業務にあたった。

一九九五（平成七）年に発生した阪神・淡路大震災を契機に緊急消防援助隊が制度化されて以来、神戸市消防局が救急部隊を被災地に派遣したのは今回の東日本大震災が初めてである。県下各本部から参集した十数隊の救急隊をいかに統制し、混乱する被災地域でいかに活動するべきなのか？　県下の各本部と被災地域とではメディカルコントロール体制（救急隊の活動を医学的観点から担保しようとする制度）も異なり、消防部隊や救助部隊の活動とは異なった問題点や課題があるはずである。

救急救命士としての知識や経験を被災地での活動に生かしたい、また阪神・淡路大震災で全国からいただいた支援にたいし御恩返しをしたい、その思いから私は第四次派遣隊への参加を決断した。同行する二人の救急隊員には、いち早く災害派遣への参加意思を表明していた士気の高い係員のなかから選抜した。

現地入り直後、被害状況調査のため山元分署管内の被災地域に入ったさい、我々はその光景を目の当たりにした。周囲の見える限りほとんどすべての範囲で、破壊されつくした無残な光景が広がっていた。さまざまなメディアの報道で予想はしていたものの、救急車の窓越しに見える現実の被害状況は、予想をはるかに超えていた。

案内してくれた山元分署のS司令補から、その付近が駅前の商店や住宅が立ち並び、多くの人々が暮らす町の中心街であったことを知らされたが、アメのようにねじれたレールの残骸や泥だらけで転がっている商店の看板がわずかにその面影を残すほかは、泥に覆われた荒涼たる光景が広がっていた。山元分署の職員のなかには、この地域で家族が行方不明となったまま黙々と勤務を続けている方もいるのだという。私は、S司令補に返す言葉が見つからなかった。

第三次隊と部隊交代した我々第四次隊の救急部隊は兵庫県指揮隊長の指揮下、シフトを組み常時二隊が山元分署での救急業務にあたり、残る隊は被災地域で行方不明者の捜索活動にあたっている消防部隊・救助部隊の支援活動に従事した。予想していたとおり、現地のメディカルコントロール体制は兵庫県下のそれとはずいぶん差異があり、いまだ災害対応モードのままであったが、救急部隊は現地メディカルコントロールの判断を尊重することを徹底し、現地での救急活動にあたった。

被害の甚大さにたいして我々のできる活動はあまりにも小さく、自らの無力さを痛感した。陸路での移動に長時間を要するため、現地での我々の活動は、実質わずか四日間という短期間であったが、被災地域住民の皆さまや消防職員・消防団員の皆さまにとっては、これから長期間にわたる険しい復興への道のりが待っている。今後の支援活動についても、息の長い取り組みが必要であろう。私自身も神戸市消防局の一員として、できうる限りの支援を続けたい。

苦心した燃料調達

【第五次派遣隊】　西消防署　田中宏幸（46歳）

バスでは熟睡できぬままに翌日早朝に宮城県へ到着、野営地である宮城県総合運動公園からは周辺の街並みが見えないため、まだ実感のないまま第四次派遣隊から申し送りを受けた。後方支援隊の業務は、活動隊が現場活動に専念できるように支援することにある。その内容は食事の用意、資機材の調達からゴミ処理まで広範囲に及んだが、兵庫県下各消防本部から集まった要員は一致団結して、兵庫県隊一八〇人をサポートするため毎朝四時三〇分から活動を開始した。慣れない業務がようやくスムーズに流れだしたころに派遣期間は終了となったが、なかでも私の心に残ったのは燃料調達のことである。

燃料は一日あたり、ガソリンは約五〇〇リットル、軽油は約七〇〇リットルを消費する。軽油については新潟県で手配したものをトラック輸送してもらっていたが、ガソリン・灯油については往復に三時間を要しながら釜石市にて調達をおこなっていた。釜石市には緊急車両専用のガソリンスタンドがあり、燃料を調達できるのだが、被災した住民の方は近隣ガソリンスタンドで長時間並んでもなかなか燃料が手に入らない状態にあるなかで、大量に給油している私たちにたいして「少し分けてくれないか?」との声。そのたびに「これは消防車や救急車に使うものなので……」と断るしかなく皆が心苦しい思いをしていた。

派遣先では物資の不足状態を考慮して、災害派遣隊といえども現地調達は避けて別途手段を用意するべきであった。後に後方支援隊長が奔走した結果、組織の垣根を越えて陸上自衛隊からの協力を得ることができるようになり、スムーズな燃料供給が可能になった。

食料積込作業（3月29日午前）

災害派遣のあり方として派遣地においては自給自足で自己完結させることが大原則であるとともに、派遣隊の規模が大きくなるほど意外なところで問題点が発生する。日常からの準備・備蓄の必要性や関係機関との連携・協力体制の重要性を実際に活動してみて痛感することとなった。情報が錯綜して混乱するなかで臨機応変に対応して運用してきたが、今回の経験を活かすためにも「備える力」の充実が望まれる。

最後に、自衛隊による燃料提供を受けることになってドラム缶用ポンプが必要になったとき、地震の影響でまだ休業中の店舗も多く、やっと見つけた店舗でも在庫のない状態で困っていたところ、ある自動車用品販売店で「遠くからご苦労さまです。店頭で販売しているものはありませんが、隣接する整備工場で使用しているものでよければ、どうぞ使ってください」との申し出を受けた。

会社で使用している大切なものであるにもかかわらず、神戸市から来た消防隊が機材の調達に走り回っている姿を見かねてのことであった。この善意のポンプのおかげで無事自衛隊から提供された燃料を兵庫県隊へ供給することができた。この場をお借りして感謝の気持ちをお伝えしたい。

最前線へ一刻も早く物資を届けないと……

【新潟補給基地隊】 東灘消防署 岡 孝夫（47歳）

東北地方太平洋沖で地震が発生、東日本大震災のはじまりである。そのとき私は、青森県八甲田山中にいた。スキーで山の麓付近までくだってきたときに遭遇した。大きな木々が長い間揺れ続けたことを覚えている。その後、数十分で携帯電話は不通に、ホテルも停電で機能を失い、状況がよくつかめないまま一夜を明かした。翌日、被災を免れた青森空港から無事帰神することができた。そのころすでに兵庫県隊は被災地に向け出発していた。

派遣命令は三月一四日に所属からの電話で、派遣場所は新潟市であること、任務は兵庫県隊への前線基地の設営及び運営であること、私を含む五人編成であること、派遣期間は三月一五日からとりあえず約一ヵ月であると告げられた。この瞬間、「自分も役に立てる」と「自分に何ができる」の相反する感情がこみあげ、やや高揚する自分がいたが、出発までの限られた時間を考えると冷静にならざるをえなかった。現地において必要で役立つものは何か？　頭の中でぐるぐる回った。

一五日早朝、伊丹空港から新潟空港を経由して前線基地を設置する新潟市消防局入りすることとなった。移動中、渡された資料に目を通すにつれ、「神戸消防」という看板を背負って被災地に入ることの重みを実感し、なぜ自分が選ばれたのか？　という思いが頭をよぎり、打ち消すのに苦労した。他のメンバーも同じ思いであったように感じる。

新潟空港へは一一時に到着。すぐさま移動手段と補給物資搬送に不可欠なレンタカー調達に走ったが、震災の影響と三月半ばという時期だからか、車がない。まったく想定していなかった、というか我々の考えが甘かったと……まさか新潟で……この瞬間、被災地に入ったと強烈に実感した。「一刻も早く最前線の隊員に食料等の物資を届けないと……」、焦っても仕方がないし、どうしようもない。協議の結果、先行して新潟市消防局入りする班と、レンタカーを探す班の二手に分かれることにした。

前線基地は新潟市消防局の会議室に間借りするかたちとなり、そこではすでに新潟市後方支援本部が設置され慌ただしく情報が飛び交っていた。手短に挨拶を済ませ、兵庫県隊の新潟補給基地をとりあえず設置することができた。

新潟補給基地はどんなことをしていたのか？　と、よく聞かれる。基地の活動は、目立たず表に出るものではない。たとえるなら木の根の部分と同じで、そこがしっかりしていないと、枝や葉という大切な活動隊員をいかすことはできない。

表現するなら、〝何でもした〟。あらゆる物資の調達から活動隊のごみ処理まで〟、〝隊長をはじめ各隊員が最善と考える発想を個人で判断して行動した〟、〝やってよいかどうか確認する暇もない場面がたくさんあった〟、〝状況がめまぐるしく変わるなか、事前計画を立てても一瞬で変更に次ぐ変更、真の柔軟な対応と行動が求められた〟、〝失敗して気付かされることの繰り返しだった〟、そんな一三日間の活動であった。

基地を設置した翌日の一六日夜、初めて石巻野営地と福島県庁へ物資を無事届けることができた。そこにたどり着くまでは焦りと不安の連続だった。同じ目的を共有する消防人として、特に新潟市消防局の協力なくしては実現できなかった。早朝から夜明けまで走ったことのない道を、慣れないトラックに荷物を満載し、東北地方特有の積雪や強風に行く手を阻まれながら、往復四〇〇～七〇〇キロメートルの道のりを何度走ったことだろう……。

ときには隊員間で激しい意見のぶつかり合いもあったが、まったく個性の違うメンバーのさまざまな発想で窮地を乗りきることができた。そして何より追加派遣の四人に助けられた。当初派遣の五人では、とうてい一週間ももたなかったと思う。

市内を物資調達のため行動する私たちを見かけるたび、感謝と温かいねぎらいの声をかけてくださった新潟市民の方々、馴染みとなった定食屋の店主……キリがないほどたくさんの方に助けられた。

新潟入りして半月以上経過した四月二日、はじめて被災地に入って津波被害の現場を目の当たりにした。想像をはるかに超える津波が猛威をふるった爪跡は、あまりにも大きく広範囲におよび、海沿いに暮らす人々と町並みのすべてを破壊し尽くした光景に直面し、言葉を失った。この現実を受け止め、心に刻むことが苦しくなった。

車窓を透して何気なく見かけた通行止めの立て看板に「ヤジ馬は帰れ！」と書かれてあった。その瞬間、心も体も凍りつく感情がこみ上げ焦りを覚えた。被災者ではない自分は、今ここで何をしているのか？　調査という目的で被災地に入ることは、偽善ではないか……。懸命に生きる被災者たちに白い目で見られているのではないか……。そんな想いで自分が惨めになった。決してヤジ馬であってはならない。当然のことだが誰かに頭を殴られた気がした。

『失意の胸へは　だれも踏み入ってはならない　自身が悩み苦しんだという　よほどの特権を持たずしては』

これは、派遣中に現地で読んだ新聞の引用である。「ヤジ馬は帰れ！」と荒々しく殴り書きされた文字を思い返しては、被災者の方々の心の中は、私にはとうてい測り知れないと痛感した。

思えば厳冬の被災地に飛び込み、約一ヵ月近くに及ぶ災害派遣任務を終了し、四月六日に帰神したころ、神戸は春の陽ざしに満ちあふれ、当たり前の日常がそこにあった。所属復帰して日が経過したが、被災地における二三日間という非日常を心と体がうまく理解してくれない。これは、今回派遣の多くの隊員に共通するのではないだろうか。

それ以上に家族や友人、雨をしのげる屋根、すべてを失った方々には、一体いつになれば当たり前の日常が戻ってくるのだろうか……。神戸もそうであったように、いつの日か復興を成し遂げた町、お世話になった新潟市を訪れ、そのときの自分の心を素直に感じてみたい。

友人の安否に心を揺さぶられながら

【新潟補給基地隊】 水上消防署 河内乾吾（27歳）

三月一一日、勤務中に地震発生。テレビから、「震源地は東北」との情報が流れた。嫌な予感がした。ニュースでは、福島や宮城の映像が流れており、知っている場所、見慣れた場所が映っていた……。言葉が出なかった。私は、大学四年間を福島で過ごし、今も多くの友人が東北に残っている。今回の被災地は私にとって第二の故郷であった。

テレビの中では、そんな思い出のある街が、そして空港が、港が波にのまれていた。何が起きているのか、すぐに理解できなかった。友人に連絡するも、携帯はつながらない。援助隊の派遣が決まり、私自身今すぐにでも現地へ行きたかった。現地へ行かせてほしいと志願するも、水上署からの派遣は、ＳＥＫ（特別高度救助隊）のみであり、私にはなかなか声がかからない。頭ではわかっていても、気持ちを落ち着かせることができなかった。

そんななか、徐々に友人の無事を知らせる連絡が入り始めた。そして地震発生から二週間が経ったとき、私の派遣が決定した。任務は新潟補給基地での物資調達および搬送。どんなかたちであれ、東北の方たちに、阪神・淡路大震災の恩返しはもちろん、大学時代にお世話になった土地への恩返しができる。出発前日には、東北の友人から、「全員の安否が確認でき、とりあえずみんな無事らしい」という連絡も入った。本当に安心した。「明日から、自分がやるべきことに集中して、精一杯やろう」という気持ちがより強くなった。

三月二六日、第五次派遣隊とともに出発。福井あたりだったろうか、東北に住む友人からメールが届いた。「千葉が津波にのまれて、今もまだ見つかってない」……愕然とした。千葉は大学時代からの大切な仲間である。昨日のメールは間違っていた。その後、新潟に着くまでのことはよく覚えていない。感情を抑えることで精一杯だった。

新潟に着いてからは、とにかく自分の仕事に集中することだけを考えた。塩釜へ持っていく物資の調達は困難を強いられた。何件も何件も店舗を回って、やっと必要分がそろうという状況である。新潟市内においても物流の遮断により物資不足が起こっていた。そんななか、私たちの活動に全力で協力してくださる企業がたくさんあった。数百人分の食料の確保、数十台分の燃料の調達、ベースキャンプで出るゴミの焼却場所の確保など、とうてい私たちの力だけでは成し遂げることはできなかった。新潟市の方々への感謝の気持ちは何度言っても言い足りないほどである。阪神・淡路大震災当時、小学五年生ながらに感

派遣隊が寝泊まりしたテント内部

じたことだが、いろんな方々の協力がどれほど大切かをあらためて実感した。
　新潟にきて、慌しい日々が続き、考えないようにしていたが、宮城、福島へ何度も足を運ぶたびに、友人から届いたあのメールが頭をよぎった。そんななか、現地で捜索活動をする消防・警察・自衛隊を見ていると、「阪神・淡路大震災で隊員の中には家族の安否がわからないまま活動している者もいた」という話を思い出した。話を聞いた当時は、その気持ちが想像でしかなかったが、状況は違えど、その不安、複雑な気持ち……こんなにも辛いものかとわかった。
　今回私は、新潟からの後方支援という特殊な立場での経験ができた。物資調達・搬送以外にも、宮城や福島で現地調査などをおこなうなかで、現地の一般の方々と話をする機会が多くあった。そこでお会いする方々が「わざわざ神戸から！　ありがとうございます」と声をかけてくださった。それは、帰神時に立ち寄る高速道のＳＡでも数多くあった。被災地にたいして私は何ができたのかと考えると、恩返しだと意気込んで行ったものの、正直何ができたのかわからない。できることなら、まだ現地に残って活動したいという気持ちが強く残った状態での帰神となった。

帰神から一週間後、「千葉が見つかった」というメールが届いた。違うかたちで、再び東北に行くこととなった。そして、話しかけても言葉を返してはくれない友人を前に、あらためて私は何ができたのだろうかと強く思った。

今回の援助隊としての派遣経験、現地で目にしたもの、感じたことは、絶対に忘れない。

滞留する大量の水を分けて捜索

【第三次・第六次派遣隊】警防課本部指揮隊　藤本卓真（32歳）

私は第三次および第六次の二度、指揮隊として派遣された。第三次では、前日の朝に急きょ派遣が決定し、何も心構えができないままの派遣となったが、それでも帰宅して家族に直接説明ができたのはありがたかった。

普段は特殊災害隊として活動しているため、任務は現地での放射線量を測定して被曝管理を実施し、活動隊員の安全管理をおこなうことだろうと感じた。今回の災害は地震、津波のみならず、原子力災害が複合したものであり、放射線にたいする問い合わせが派遣前から多数あったからだ。

桂川パーキングエリアに兵庫県隊が集結したさい、第一次派遣隊が帰神後に実施したスクリーニング検査では、健康被害を及ぼすような値は計測されなかったことを全隊に周知し、宮城県へと向かった。それでも、放射線への漠然とした不安が各隊に広まっているのを感じた。黒埼パーキングエリア到着前には、「福島県で放射線量が急激に上昇して通行することも危険な状態である」との誤報まで流れた。

石巻市総合運動公園に到着後に受けた申し送りでは、現場は悲惨な状況であり、瓦礫が多すぎて捜索活動は予想以上に困難を極め、兵庫県隊はいまだ生存者の救出にいたらず、とのことであった。また、石巻市総合運動公園から捜索場所の南三陸町までは車両で一時間以上かかり、往復時間を考慮すると捜索時間は限られたものになってしまっていた。

南三陸町での捜索活動は各ブロックに分かれ、各小隊の代表者が積算線量計を装着して活動した。幸い、積算値報告において異常な数値を示す隊はなかった。また、神戸ブロックの活動区域におけるバックグラウンド値も、異常値を示すことはなかった。

南三陸町での活動は二日間だけで、野営地を宮城県総合運動公園であるグランディ21へ移すこととなった。割り当てられていた捜索範囲を捜索しきれないままの移動には心残りがあった。

宮城県総合運動公園を管轄する塩釜地区では、救急隊の要請はあるものの捜索活動の要請はなく、ある意味では手持ち無沙汰の状態となってしまった。

そんなおりに、第一次派遣隊が最初に派遣された山元町で捜索活動を実施することとなった。山元町は福島県との県境付近で、さらに福島第一原子力発電所に近づくため不安の声もあったが、事前におこなった放射線測定値に目立った異常はなく、活動は可能であった。しかし、第四次派遣隊との交代期限がきてしまい、第三次派遣隊は山元町で活動する

福島県南相馬市の状況

ことなく帰神することとなった。

再び山元町を訪れたのは、第六次派遣のときだった。第三次派遣のときとは違い、各隊の放射線にたいする不安はさほどでもなかった。それよりも、少しでも被災者の方々の役に立てるようにとの想いに満ち満ちていた。前回と違っていたのは想いだけでなく、野営地の生活環境も多少改善されていた。トイレに電気が灯り、水が流れるようになっていた。

しかし、野営地から山元町までの移動が一時間半程かかり、その分活動時間が短くなるのには変わりなかった。また、この時点で塩釜地区での救急隊の出動件数もかなり減少していたため、野営地をもっと山元町に近い地点に移動させてはどうかと感じた。

山元町での活動は、広大な捜索範囲を一つひとつていねいに塗りつぶしていくような作業だった。南三陸町に比べて瓦礫が山積みになっている場所ではなかったが、その分、一日に捜索する範囲はより広くなった。また、瓦礫よりも浸水して滞留する大量の水が活動障害となった。長靴を履いていても、水は容易に中まで入ってきた。

第六次派遣では、すべての活動を山元町での捜索活動に費やしたが、被災者の発見にはいたらなかった。二度の派遣を終えた今、活動中にお辞儀をしていただいたり、ありがとうと声をかけてくださった地元の方たちに、私は役に立つことができたのだろうか。そのような手応えは感じられないが、ただただ一日も早い復興を祈っています。

放射線量計を携帯しながら

【第六次・第七次派遣隊】 予防課 塩谷俊行 （31歳）

三月三〇日から四月九日まで第六次・第七次指揮支援隊として福島県で活動をおこなってきた。

地震発生直後、第一次後方支援隊として宮城県に派遣されているので、今回は二回目の災害派遣となる。

派遣された福島県庁では災害対策本部に入り、活動中の千葉県、群馬県、神奈川県、茨城県の各県隊への指揮支援活動をおこなった。主な任務は福島県からの災害対応の要請を受け、福島県消防学校に集結している各県隊への任務指示であったが、地震発生から三週間ほど経過していることと、さらに捜索活動は自衛隊が重機を使用しておこなっていることから、福島県で緊急消防援助隊に求められているのは、福島第一原子力発電所の半径三〇キロメートル圏内の病院からの大量転院搬送などの救急対応がメインとなっていた。

通信インフラが整ってないので、指令はＦＡＸで送り、報告は電話で受けている状態であったが、搬送依頼が一段落していたこともあり派遣期間中にはパソコンのネット環境を整備して搬送者リストの送信などを電子メールでおこなえるようになった。その環境整備に携わって思ったことは、情報を確実に早く共有するために早期の通信環境整備が非常に重要であるということである。

また、周囲の被害や放射線スクリーニングの状況などを調査する機会もあった。

福島市内は地震の被害がほとんどなく、ライフラインも復旧していたので、本当に自分は被災地に来ているのかと思うほどであったが、山を越えて南相馬市の海岸沿いに行くと景色が一変していた。二階は無傷だが、一階の壁がえぐられたようになくなっている家や、まるで湖のようになっている田畑。わずかな高低差で被害がまったく違う二軒の家。青空の下に荒野が広がっており、本当にここは日本かと思うほどであった。

津波の破壊力はとてつもなく、同じ大震災であっても阪神・淡路のそれとはまったく異なっていた。また、福島県は津波被害だけでなく原発事故による放射能汚染もあったため、放射線量計を常に携帯しての活動であった。福島第一原子力発電所から二〇キロメートルの地点まで近づいたが、建物被害はないのに人影もなく、まるでゴーストタウンのようであった。

このたびの災害派遣では、後方支援と指揮支援という二つの任務を経験することができた。直接救助活動や捜索活動をおこなうことはなかったが、だからこそ経験できたことも非常に多く、また宮城県と福島県の二つの被災地を体感できたことも大きい。

そして、この貴重な経験を無駄にすることなく、近い将来起こるとされている東南海・南海地震に備えるとともに、今後の消防活動にも生かしていきたいと思う。

全員無事に帰ってくる！

【福島第一原子力発電所派遣隊】　灘消防署　古市泰士（36歳）

三月二三日、中央消防署三階会議室に福島第一原子力発電所への派遣隊員五三人が集結した。

「今回の任務にたいする活動方針は、全員無事に帰ってくること！」

指揮隊長のこの言葉から我々に課せられた任務の危険性が切実に感じられた。

三月一一日東日本大震災が発生し、当初、私は救助部隊の第四次派遣隊として被災地へ向かう予定であった。ところが出発二日前になって神戸市消防局の震災対応が大きく変わることになる。国から福島第一原発へ特殊部隊の派遣要請があったからだ。任務の内容は原発事故の初動で対応にあたった東京消防庁ハイパーレスキュー隊の作業を引き継ぎ、原子炉内の使用済み燃料プールへの放水作業をおこなうことであった。

私は普段、救助隊員として特殊な環境下での現場活動をおこなっており、防護服や特殊マスクを着装して活動することに精通していることから派遣隊員に選出された。最初は当然、迷いがあった。しかし誰かがやらなくてはならないことで、最初に話がまわってきた

原発事故対応訓練

自分が任務を引き受けることが自然な流れだと割り切り承諾した。

派遣日までの間、放射能にたいする研修や現場対応の訓練が連日おこなわれた。出発の直前には東京消防庁ハイパーレスキュー隊へ出向き、福島第一原発で放水活動している特殊車両と同型の車両操作訓練もおこなった。

この間にも福島第一原発の状況は日々刻々と変化していることはテレビや新聞の報道で伝えられており、我々の想定している範囲での現場活動となるのか不安は募るばかりであった。「今やれることを一生懸命やろう」。そんな気持ちで自分を奮い立たせていた。そして三月二九日、福島県に向けて出発することとなった。

現地では先に対応にあたっていた京都市消防局から引継ぎを受けた。原子炉への放水作業は当初海水を使用しておこなっていたが、真水の注水に切り替える過程にあり、消防機関は待機を命ぜられている状況であった。結果、当局も三日間の待機で派遣任務を終えることになった。

今回の対応では、現地での活動はなかったが、多方面からのご支援やご協力のおかげで、無事に事なきを得た。また指揮隊を筆頭に、特殊化学災害隊（ＨＡＺ－ＭＡＴ　ＫＯＢＥ）や特殊車両のベテラン操作員が中心となり、派遣隊員五三人が一致団結し、英知を結集させて挑んだ原子力発電所災害。短い期間ではあったが神戸消防の底力を見ることができたような気がする。

最後に全員無事に神戸に帰ってくることができて本当に良かった。正直ホッとしている。

専門機関からの心強い支援を受けて

【福島第一原子力発電所派遣隊】警防課本部指揮隊　東　亨（40歳）

本部特殊災害隊にとっての福島第一原子力発電所への災害派遣への対応は、三月二〇日の深夜、特殊災害隊が消防局に急きょ呼び出されたところから始まり、それからの二週間はまさに疾風怒涛だった。資機材調達、活動防護服の着衣脱衣、空間線量率および被ばく線量の活動数値設定、活動隊員の安全管理、汚染検査など、特殊災害隊がなすべき業務は多岐にわたった。

また当時は原発そのものの情報が乏しく、私自身も特殊災害隊員として原発派遣に自ら手を上げたものの、不安感は非常に大きかった。しかしそれらの業務や不安感はさまざまな方々の協力により解決することができた。私はその方々にたいして、ここに感謝を述べておきたいと思う。

神戸市消防局と協力関係にある神戸薬科大学の安岡先生は、放射線に関する突然のメールや電話での質疑にたいして、迅速かつていねいな回答をしてくださった。また神戸大学海事科学研究科の原子力関係から専門の先生方を紹介していただいた。

神戸大学の小田先生は、原発派遣隊員にたいして講義をしてくださった。この講義のおかげで私自身も不安感が大きく拭われたし、他の原発派遣隊員も程度の差はあれ、きっとそうであったと思う。また北村先生は、我々とともに福島県まで同行し、寝食を共にしてくださった。現地での隊員の汚染検査時などでも的確なアドバイスをいただくことができ、非常に心強かった。また神戸大学研究基盤センターの宮本先生は、今回の派遣にさいして隊員の汚染検査用に、大口径ＧＭ管式サーベイメータを二機貸してくださり、わざわざ神戸市消防局まで持って来てくださった。

今回の派遣にさいして苦労した一つに防護服の着衣脱衣があげられる。原発敷地内ではレベルＣ防護服（タイケム）での活動をしなければならない。特殊災害隊はこれまでレベルＡ防護服（陽圧式）での活動訓練はたくさん実施してきたが、レベルＣ防護服はおざなりとなっていた。しかしＳＥＫ（特別高度救助隊）岡田主査の指導をもと、派遣出発日までにはキッチリとした着衣脱衣手段を整えることが可能となった。

そして特殊災害隊の皆。活動方針が日々変わるたびに必要資機材数も変更となるため、資機材の確保に苦心しながらも何とか頑張っている隊員もいれば、ときには活動方針の考えの相違から特殊災害隊員間で意見が衝突することもあった。しかしそれぞれの隊員が全力を出してこの原発派遣を何とか成功させようとする意思が伝わり合い、三つの係の垣根を越えて特殊災害隊員として一つになれた気がする。

結果的には原発敷地内での活動はおこなわれなかった。もし活動していれば、さまざまな方々の協力に支えられながら、きっと神戸市消防局は素晴らしい活動をしていたに違いない。

一瞬自分に何ができるかと……

【福島第一原子力発電所派遣隊】 予防課 長野敏也（49歳）

福島第一原子力発電所への派遣が決定した当日、派遣隊指揮隊の一員として参加が可能かを打診されたとき、この重要な任務で自分に何ができるのか、また役に立つことができるのかなどの不安が頭をよぎり、参加の返事をするのに一瞬躊躇したことを覚えている。この派遣隊のメンバーの多くの方は、自分から希望し参加しており、名簿の中には定年退職を一年後に控えた方もおられ、この困難な任務に自ら立ち向かう勇気を考えると胸が熱くなった。

派遣決定後は、連日の研修と訓練を重ねることとなったが、派遣隊員全員が初めて集まる研修会の席上で、指揮隊長の濱田宗徳主幹から「みんなで家族のもとに無事に帰る」との一言は、隊員を一つにしたものと感じている。

次の日からは、防護服の着装訓練、大容量ポンプ車と大型放水塔車からの放水訓練。さらには、最初に原子力発電所内で放水活動をおこなった東京消防庁等まで出張しての情報収集と原子力発電所内に配備されている同系車種の車両を使用しての訓練を実施した。

連日の訓練で派遣隊員達が、体力的にも精神的にも疲労困憊の状況が続いているある日、一人の隊員から「連日の訓練や所属に帰ってからの通常警備で疲労がたまり休みをいただきたい」と申し出があった。その隊員を見ると顔色も悪く疲れが溜まっていることがありありとわかった。しかし、次の日に「一晩寝て体力も気力ももどり、あのようなことを言ってすみませんでした」と言ってもらえたときには、私はその隊員の使命感の高さに目頭が熱くなり恐縮する思いであった。

原子力発電所到着時には、コンクリート圧送車から淡水の放水に切り替わっており、私たちは原子力発電所内でのミッションはおこなわなかったが、あったとしても、原発派遣隊のメンバーは、使命感も士気も高く、任務を安全に遂行できたものと信じている。

派遣任務を終え市民防災総合センターに到着後、解散式、健康診断を受け資機材等の整理をおこなっているとき、重圧からの開放感からか、今までに感じたことがないほどの疲労感を急激に感じ、自宅に帰るのもやっとの状態であった。

地元の消防隊員の言葉に胸が詰まる

【第七次派遣隊】警防課　二見広一（39歳）

三月一一日、「緊急消防援助隊の事前計画では出動エリアではないが、要請があれば速やかに対応できるように準備せよ」といった警防課長の指示内容だったと思う。記憶があいまいなのは、指示中にテレビから流れていた映像が脳裏に焼き付き、他はまったく思い出せないからである。あらゆるものを飲み込みながら内陸へ突き進む津波の映像は、それほど衝撃的だった。

その後、警防課は情報収集、派遣隊支援に追われることとなる。派遣初期の錯綜する情報のなかで、派遣隊員が必死ならば、本部も必死で派遣隊支援をおこなった。特に緊急消防援助隊事務担当の「計画係」は、係長を筆頭に五人が倒れてしまうのではないかと思うほどの奮闘だった。「兵庫県隊後方支援本部事務局」が開設された後は派遣隊支援業務が軽減、年度末経常業務も落ち着いたころ、私は第七次派遣隊指揮隊員として活動するよう下命された。

四月四日の朝、砂塵舞う野営地の宮城県総合運動公園グランディ21に到着、想像以上に風が冷たい。早速、第六次派遣隊から次々に申し送りを受ける。兵庫県隊指揮隊は主に本部指揮隊員で構成されているが、第七次指揮隊には現役本部指揮隊員がおらず、申し送りを受ける我々の顔には不安が隠しきれない。

午後からの宮城県亘理郡山元町での活動に先立ち、現地の山元分署長から説明を受ける。その後分署長は、兵庫県隊の活動が終了するまで、分署内にずっと待機しておられた。阪神・淡路大震災のとき、同じように当時の署長が署前の指揮所にずっとおられたことを思い出す。

当時の私には、全国から駆けつけてくれた応援隊が頼もしく見えたが、山元分署長からみて兵庫県隊はどのように映っているのだろうか。「しっかりやらねば！」と気を引き締める。分署周辺は津波被害を受けていないため平穏に見えるが、ここは被災地、臨戦態勢である。

私の活動の主なものは、分署前での無線傍受、情報整理記録であったが、六日は救助隊に同行した。津波被害の凄まじさに言葉を失う。同じ震災とはいえ直下型の阪神・淡路大震災と、今回の東日本大震災の被害形態はまったく違う。我々は神戸で津波を受けたとき、はたして何ができるだろうか？　共に活動している山元分署の隊員から話を伺う。「夢のように感じる」「自宅を失った」「家族を失いながらも活動する同僚がいる」。我々は数日でこの地を離れるが、彼らはまだまだこの地で活動しなくてはならない。これまでの苦難とこれからの苦難を想像すると、言葉に詰まり、ありきたりの言葉しか返せなかった。

七日深夜、明日の拠点移動に備えて資器材積み込みをおこない、おおかた積み込んだそのとき、微震動を感じた。派遣中で初めての余震だ。最初は小さな揺れであったが凄まじい大揺れとなり、野営地のグランドは波打ち、目の前で地面が裂け、空はひかり、車両は音をたて左右前後に揺れ、ただ翻弄されるだけであった。

後日の情報で野営地付近は震度6弱であった。揺れが収まると速やかに人員点呼、ブロック長招集、作戦本部の立ち上げ、宮城県庁との連絡、塩釜市への情報収集隊派遣、出動隊の編成等を実施したが、幸い周辺では目立った被害もなく情報収集のみの活動で作戦本部を閉鎖した。混成部隊でありながら余震発生からの素早い対応は、派遣日の最後の夜であったから可能であったと思う。

また襲ってくる我々の敵は、想像を超えてはるかに巨大である。

我々はこれから何をすべきか……。

現場で見つけた写真に心を……

【第八次派遣隊】　兵庫消防署　高田義治（50歳）

第八次派遣隊として、宮城県亘理郡山元町に派遣決定。今思えば、運南出張所へ初めて特殊災害隊の隊員として補勤。高鳴る気持ちと不安のなかで勤務していると、上司より、「兵庫救助隊として派遣になりました」と告げられ、より一層さまざまなことが頭の中を駆け巡ったことを昨日のように感じる。

今回の救助隊は、二〇代、三〇代、四〇代、五〇歳と幅広い年齢層。いずれの顔にも使命感漂う気迫を感じた。出発後、宮城県を目指し北上中、黒磯パーキングエリアに差しかかるころ、地震発生の一報が入った。「震度6強」、「高速道路の一部不通」と続々と入る情報のなか、緊張と不安のためか会話もなく過ごしてきたのがうそのように、積極的に言葉を交わす我々、やはり使命感一杯の消防人だと思い知らされた。

結局、七次派遣隊が待つ宮城県総合運動公園に着いたのは、予定より三時間遅れの八日一〇時。仙台市内のいたる所にある被災建物や運動公園内の遺体安置所を見て、ここが被災地であることを強く自覚した。資器材の積載を終え、一一時に再度出発、山元分署に着いたのは一三時。「一秒でも早く活動に従事したい」との思いから、休む暇も惜しみ支援活動を実施。その甲斐あって、活動場所であるJR貨物の転覆現場、鉄骨造の倒壊倉庫、田および水路ならびに山際を含めた広域な捜索現場の調査に早く赴くことができた。

我々の任務は倒壊倉庫での捜索となった。指揮者の安全点検、活動方針の徹底後、倉庫内を三ヵ所のエリアに分け、午前中に多量の樹木、鉄筋、H鋼、木材等のガレキ除去および堆積物の発掘を実施。そのさい、地面の確認が不十分で掘り過ぎてしまい、深い穴をたくさん作ってしまった、失敗……今思えば、つい逸る気持ちの表われだった……。

二日目も午前、午後をとおし重要な拠点はすべて、ガレキ、堆積物を除去して捜索を終了。見つけられないもどかしさに葛藤しながら、皆、心を痛めていた。そのため、毎晩それぞれの疑問点や反省点を出し合い、ディスカッションやブレーンストーミングをおこなった。

最終日も結局、見つけることはできなかった。住民からかけられる、「ありがとう」、「ご苦労さま」の言葉、捜索現場で見つけた若い二人が写った結婚式の写真……、心が締め付けられるような想いと自分自身の不甲斐なさ……。「やれることはしたはずなのに」と自問自答……。しかし、活動をともにした小隊長や隊員たちに救われた気がする。何もできなかったが、このチームで活動できたことは誇りである。ありがとう。

自然の力の凄まじさを見せつけられ、人間のちっぽけさと我々の活動の限界を感じる。しかし諦めるわけにはいかない。努力と精進、我々の小さな力でも、それを待っている人がいる限り……。

後方支援隊が準備してくれた温かい食事

【第九次派遣隊】　中央消防署　和田章夫（42歳）

阪神・淡路大震災は都市直下型地震による建物倒壊と火災が延焼しインナーシティに甚大な被害をもたらした災害であったが、今回の東日本大震災は海溝型地震により発生した津波が大規模な被害をもたらした災害であった。

第九次派遣隊として四月一一日から四月一七日までの間、宮城県亘理郡山元町において、山元町を管轄する亘理地区行政事務組合消防本部山元分署と隣接する山下小学校体育館にベースキャンプを置き活動を展開した。私たちは捜索エリアの光景を見たとき、これは壊滅状態というより消滅状態であると強烈な印象を受けた。

神戸ブロックは但馬ブロックと合同で捜索活動をおこなったが、両ブロックの人数を合わせても十数人、広大な捜索範囲を横隊に並び瓦礫の間、泥濘の中、藪の中、腰まで浸かる水路を捜索、それと並行し貴重品やアルバム等の回収もおこなった。日中の気温は高く、隊員は個人装備として胴付長靴、感染防止衣、ＰＦＤ（ライフジャケット）、マスク、ゴーグル、ケブラー手袋、ヘルメットを着装し捜索活動をおこなうのである。

福島県のＪヴィレッジ内での合同調整会

小休止をこまめに取っても、この装備で一日中捜索活動をおこなえば、隊員は疲労困憊し活動にも支障をきたすのではと、ふと昼夜を徹して救助活動をおこない疲労困憊した阪神・淡路大震災の経験を思い出した。しっかりと休憩する時間があれば個人装備を解除して気分をリフレッシュさせ、隊員の士気を維持することができるのだが、と思いつつ、初日の捜索活動を終えた。

捜索活動終了後、後方支援隊から捜索活動を午前と午後に分けいったんベースキャンプに戻ることが可能ならば、温かい食事を準備しておくとの申し出があった。以降ベースキャンプに戻り、個人装備を解除しての休憩と温かい食事を摂ることが可能になった。後方支援隊は、どの隊よりも早く起床し食事の準備、環境整理等を開始する。そして泥と砂まみれになり捜索活動から戻った隊員のために湯を沸かし迎えてくれた。

　後方支援隊は非日常という被災地の中に日常を作り出し捜索活動を支えてくれた。今回の災害派遣で後方支援隊の重要性をあらためて認識することができ、今後起こりうるとされる東海、東南海、南海地震において、後方支援隊の積極支援がさらに発揮されるであろう。

家族から「被災地の力になって」と送り出され

【第一〇次派遣隊】　垂水消防署　山本武志（34歳）

三月一一日夕方、自宅のテレビをつけると各局のアナウンサーがヘルメットをかぶり災害の被害状況を報道していた。家屋や車は津波に押し流され現実のものとは思えない映像だった。行き惑う車をカメラは追っており、テレビに向かって思わず「早く逃げろ」と叫んだ。夜になって所属から緊急消防援助隊第一次派遣のメールが届いた。

発災以降、災害派遣を希望していた私は、ようやく第一〇次派遣隊の特殊装備部隊（一〇トン）として現地に向かうことになった。地震発生から一ヵ月以上が経過し生存救出の可能性は少ない。被災地の復興の話題も出はじめ、消防の任務は終了が近づいている雰囲気が漂いはじめたころだったが、家族に災害派遣が決定したと伝えると、「少しでも被災された方の力になれるように頑張ってきてください」と言われ、あらためて災害派遣への士気を高めた。

第一〇次派遣隊からは亘理郡の西に位置する角田市総合体育館にベースキャンプを移した。体育館での生活環境は先遣隊の環境とは違い、シャワーやトイレも普段どおりに利用

がんばろう！
亘理！山元！
Special Thanks to Emergency Rescue Unit of AICHI・NARA・FUKUOKA・HYOGO and SENNAN !

山元分署職員が作成し、兵庫県隊に送ったステッカー

でき、食料や物資についても先遣隊の尽力により潤沢に揃えられていた。体育館には連日、地元住民の方々からの差し入れもあった。自ら被災されているにもかかわらず、我々に心遣いをいただき、恐縮し感謝するばかりだった。これは先遣隊の活躍があったからだと思い、まだまだ期待に応えられるように頑張らなければならないと感じた。

特殊装備部隊（一〇トン）一隊と救急隊二隊は山元分署での常駐警備を命ぜられ、現地での災害対応警備をおこない、他方の特殊装備部隊（一〇トン）一隊は県隊と共に捜索活動をおこなったが、津波の残した爪痕はテレビの映像で見るものより、はるかに悲惨で町の風景に色彩がなかった。鳶口一本で捜索活動をおこなったが、広範囲なことに加え、「この瓦礫の下に人が居るかもしれない」と思い掘り起こすものの、人力ではすぐに限界がきてしまい、不甲斐ないことの繰り返しだった。

しかし、活動中に写真やトロフィー、位牌など、その人にとって記念となる物を発見したときには、適当なカゴを見つけて収集し

た。ご遺体を家族の元へ返してあげられず残念だったが、今になって、少しだけでも被災された方々の力にはなれたと自分を納得させている。

派遣期間中に地元消防本部の方がステッカーを作成してくださった。同じ職責を持つ消防士としてこれからも神戸から被災地を応援していきたいと思う。

思いは、「ご遺体を家族の元に」

【第一〇次・第一一次派遣隊】予防課　秋田稔之（39歳）

緊急消防援助隊の第一〇次、第一一次派遣隊の指揮支援隊として、宮城県亘理郡山元町に四月一五日から派遣された。東日本大震災発生から一ヵ月が過ぎたころであった。特に第一一次派遣隊は兵庫県からの最後の派遣隊ということもあり、第一〇次派遣隊までの被災地への「思い」を感じながら活動した隊であったと思う。

私が属した指揮支援隊のこの時期の任務は、災害対策本部での調整会議、宮城県庁に入っている指揮支援部隊長、同じ亘理消防本部に入っている愛知県隊との調整、兵庫県隊の支援であった。

調整が終わると、隊を分割して捜索隊にも加わった。津波の被害を受けた場所は、瓦礫の撤去がある程度すすんでいることもあり、荒野のようであった。平地部分の捜索はかなりすすんでいたが、まだまだ行方不明者が多数おられ、町長からの依頼もあり、残る排水溝の捜索を国土交通省と連携しながらおこなった。

皆が、「ご遺体を家族の元に」という思いであった。

津波で流された車が重なり合っている亘理町荒浜地区

山元分署に詰めている間に署員の方からも色々なお話を聞かせていただいた。鉄筋コンクリート造であるが平屋建てで、すべての方が犠牲となった社会福祉施設。学校の先生方の機転で、校舎の二階の屋根裏へ避難させたことにより、子どもたちが全員助かった中浜小学校。他にも今後の防災にいかすべき話がたくさんあった。

兵庫県隊が引き上げる最後の解散式では、最初に全員で被災地にたいし黙祷を捧げ、亘理消防本部の星消防長は挨拶のなかで、涙ながらに緊急消防援助隊のこれまでのメンバーにたいしての感謝の意を述べられた。また、神戸から寄贈した一〇トン水槽車についても「大切に使う」と喜んでおられた。

阪神・淡路大震災のとき、私は消防学校を卒業し、三ヵ月余りが過ぎたころで、長田消防署の前の道路に停められた多数の消防車の数に凄さを感じた。緊急消防援助隊は、阪神・淡路大震災後の一九九五（平成七）年度にスタートした制度であり、この制度により全国から被災地のために活動することができたことからも、阪神・淡路大震災の教訓は生かされていると思うが、もちろん今後への課題もあった。

現地で体験したことなどを市民の皆さまに伝えていくことは重要で、今後の東南海・南海地震の対策に生かすべきであるし、また、被災地に入りボランティア活動をされている方々や、神戸にいながらさまざまなかたちで被災地支援をされている方々への参考にもなると思う。

最終派遣隊の一人として、初めての東北へ

【第一一次派遣隊】　中央消防署　西村正利（44歳）

三月一一日夕刻、自宅で「派遣があるか、その前に津波警報で参集がかかるか……」と想像していたところ、残留警備救急隊の人員確保をしてほしいと連絡が入った。隊員に連絡し、残留警備での参集可能性があることを伝え、派遣の正式決定後に所属へ向かった。

派遣活動が順次進むなか、私は第一一次派遣で四月一九日から二四日までの間、救急部隊として現地活動に携わった。今回は最終派遣隊ということで、使用資器材、物資、車両等を無事、神戸まで持って帰るという別の重大な任務もあった。

翌二〇日の早朝に角田市に到着。活動拠点となる山元町から西へひと山超えた位置にあり、津波はもちろん地震による被害も皆無といっていいほど静閑な田園地帯で、ほんとうに被災地へ来たのかという違和感があった。第一〇次派遣隊との引き継ぎ後、山元分署へ移動した。

救急警備シフトは、救急部隊三隊（神戸二隊、姫路一隊）のいずれか二隊が二四時間体制二交替の常駐警備とし、出動時は山元分署の救急救命士が一人ナビゲーターとして乗務

し病院交渉までを実施していた。これは阪神・淡路大震災の活動経験が生かされていると感じた。避難所からの救急要請が増加しているのではないかと予想していたが、発災から一ヵ月あまりが過ぎ、避難所にも自衛隊等の医療スタッフが常駐するようになっていて、避難所からの救急要請は少なく、活動初日の救急出動は一件だけであった。

警備中に亘理・山元管内の津波被災地をパトロール視察した。建物の九割以上は流され、被災前の町の面影はなく、防波堤は決壊し漁港は無残な姿となり、海岸沿いの海面から一〇メートル以上の高さに位置する展望台には、根元からなぎ倒された大きな樹木やコンクリート電柱が引っかかっていた。想像を超えた被害の大きさと津波の恐ろしさをあらためて痛感させられた。

二日目は、捜索活動にも参加しようと小隊三人の意見は一致していたため、山元分署での警備勤務交替後に捜索活動に合流した。阪神・淡路大震災とは災害形態が違い、津波で打ち上げられた海砂利の堆積が凄まじく、結果として一人の行方不明者も発見できなかった。

三日目は、山元分署での派遣警備最終日のため一七時までの警備となった。今回の派遣期間中、山元分署の方々は二四時間当直・八時間日勤の連続三六時間勤務を変則三交替シフトで組まれていた。緊急援助隊の派遣が終わることで三六時間勤務も解除となり、通常の二四時間勤務に戻るとのことで分署員の方からは「やっと通常に戻れる……」と安堵の声も聞こえた。

震災前の山元管内では、年間火災件数は平均二〇件前後、救急出動は一当務平均三件と、我々の派遣活動期間中の出動件数と比べても、すでに通常の警備で十分に対応できるものとなっていたからかもしれない。

最終日は、山元町離隊式および兵庫県隊解散式終了後、県下他本部の部隊を見送り、神戸市隊は最後に隊列を組んで角田市総合体育館を出発した。私は東北の地を踏むのは初めてで、まさか緊急援助隊として訪れることになるとは夢にも思っていなかった。辺り一面瓦礫に覆われ、駅のホームをつなぐ陸橋だけが残り、津波で破壊されてしまった町が復興に何年かかるかはわからない。近い将来発生するといわれている東南海・南海地震にしっかり対応できるよう、今回の貴重な経験をもとに備えていきたいと思う。

後方支援本部で調整役に徹するぞ！

【後方支援本部事務局】 警防課 石田秀欣（50歳）

東日本大震災に伴い、緊急消防援助隊への隊員の派遣、事務局への派遣と各々所属にご協力いただき、本当にありがとうございました。

私は、緊急消防援助隊とは過去一〇年間でいろんなところでつながってきた。二〇〇一（平成一三）年から二年間、消防大学校での大規模災害時の指揮運用、二〇〇三（平成一五）年神戸市で実施された近畿二府七県緊急消防援助隊合同訓練、二〇〇六（平成一六）年一〇月の豊岡水害では、県内応援として神戸市隊を送り出した。その後、緊急消防援助隊の受援の準備として兵庫県庁で活動調整本部を担当、緊急消防援助隊の訓練での指揮支援隊、兵庫県隊長などを経験していたが、いまだに実災害での派遣活動はなく、今回も結局現地に行くことはなかったが、後方支援として現地以上の経験をさせていただいたと思う。

事務局に派遣された職員は、着任当初、事務局が何をおこない、事務分担がどうなるのか、わからないままに派遣を命ぜられ、着任後はいきなり走っている新幹線に飛び乗るような慌ただしさと、展開の速さに戸惑ったのではないかと思う。そして他の職員からは、ほとんど事務局の仕事が見えなかったのではないかと思う。わかってきたのは事務局を立ち上げ、「事務局通信」を作成して配信できるようになってからではないだろうか。

後方支援本部事務局は、地震発生後に警防課計画係がおこなっていた緊急消防援助隊の派遣事務および、消防局各課に任務されていた後方支援本部の事務を一括でおこなうため、三月一八日に私を含めて警防担当が四人、総務担当が四人の計八人体制で立ち上がった。各消防署の課長級、係長級、専門役が集められ、四月二八日までの約一ヵ月半、今思うと内容の濃い、長いようで短かった期間だった。

事務局での私の任務は、総務省消防庁、宮城県庁内の消防活動調整本部の指揮支援部隊長、兵庫県下ブロック代表消防本部と、派遣に関しての連絡調整など派遣のすべての調整や仕切りが主なものだった。

本来の応援計画では、救助主幹は指揮支援隊の出動の第二順位となる。しかし、「この震災は規模が大きすぎる。緊急消防援助隊の派遣は、今までにないような大変なことになる」と派遣にかかる事務に着手した段階で、「今回も現地に行くことなく、調整役に徹しよう」と現場への思いを封印した。

今思えば一番厳しかったのは、事務局が立ち上がってすぐの三月一九日、消防局長のもとへ消防庁長官から福島第一原子力発電所への出動打診があり、その対応を始めたころではなかっただろうか。三月一九日は土曜日で、体制も事務局員と、本部の当直三人くらいではなかっただろうか。その日は第三次派遣隊を送り出した直後で、第二次派遣隊と長田の大容量送水セットの帰神を二〇日に控えるとともに、第四次派遣に備え、指揮支援部隊長との調整、兵庫県下の消防本部との出動部隊の調整をおこなわなければならない時期だった。

その事務をおこないながら、福島原発への派遣計画、資機材準備などの計画作成など、いつ収束するかわからない災害の派遣を同時に進行、しかも限られた時間でやらなければならないという状況に追い込まれていた。

今考えると、仕事の進め方や手続き、作成した計画などは、穴だらけの内容であったと思うが、事務局員、緊急招集された本部の各課長が協力し、プランを出し作業をおこない、二〇日の朝の臨時局部長会を迎え、福島原発に派遣する説明会をおこなうことができた。

振り替えると、この日が事務局の仕事のピークとなり、普通は下がっていくところだが、このピークが落ちることなく続いた記憶があり、何日続いたのかもわからない。ひょっとしてこのごろは、麻痺していたのかもしれない。

そしてそのころ、私自身、気がかりなことがあった。

消防大学校当時に担当した警防科、救助科の教え子が東北地方にいる。

特に、宮城県気仙沼市・仙台市・福島県いわき市など津波が直撃している地域とそれ以外の地域にも数人いるが、彼らは大丈夫なのか。

心配なのだが、この状況では連絡がつかない。落ち着いてから連絡しようと考えているとき、消防大学校警防科の教え子から携帯電話が入っていた。

「気仙沼のAさんが、津波にさらわれて行方不明になっているらしい。現在のところ、詳しい状況はわからない」とのメッセージが残されていた。やはり、最悪の事態になっていそうだった。しかも情報が輻輳しているかもしれないので、後日確認しようと思いつつ一ヵ月が過ぎたころ、同期生から詳しい状況のメールが入った。

結局、Aさんは当日非番で、地震後すぐに職場に向かい、定点カメラの映像を見ることができる指令塔で映像を見ながら、出動している車両に「津波が来る！　高台に避難せよ！」と無線で指示を出していたが、そのまま津波にのまれてしまったとのことだった。

その後、三月一五日に発見され、ご家族のもとに帰ったそうだが、最後まで指揮者として頑張られていたかと思うと、非常に残念である。

大規模災害時では、地元で頑張る者、緊急消防援助隊として災害現場に派遣される者、地元で通常どおり警備をおこなう者。そして、表には出ないが、すべてを統制する者。人には、それぞれ役割がある。次はどの任務に当たるかわからない。与えられた任務を遂行できるよう、心と知識、準備を怠ってはならない。

最後に、上司、同僚、そしてすべての職員のご理解とご協力のおかげで事務局の任務を遂行できたと感謝している。本当にありがとうございました。

あとがき

「阪神大震災のときの消防隊員の手記を、電子化するなどしてもう一度読めるようにならないでしょうか」。神戸市消防局総務部の方から私に電話があったのは、昨年二月、東日本大震災直前のことだった。

この手記とは、阪神・淡路大震災が起きた一九九五年八月に出版された『阪神大震災消防隊員死闘の記　もっと多くの命を救いたかった』（労働旬報社）で、神戸市消防局と私が共同で編集した。すでに絶版になっていて手に入らないのだが、読んでみたいという問い合わせがときどき来るので、出版社との橋渡しをした私にたずねてきたのだ。

一七年前の震災後、神戸市消防局は隊員から手記を募集して当時の広報誌「雪」で掲載した。現場で何を見て、どう格闘したのかを自ら被災者でもある消防隊員がつづった手記は、震災がいかなるものだったのかを知るうえで貴重な証言でもあった。迫り来る炎のなかで水が出ず、瓦礫の下に人がいることがわかっていながら撤退しなければならなかった無念さ。「お前らがおれの家を燃やしたんや」と、消火活動の限界を責められたこともあった。

消防という仕事を通して、こうした事実を記録として残す意義を痛感したからこそ、私は手記の出版化を企画し編集をかってでたのであり、私の方も何らかの形の〝復刊〟をと考えていた。しかし、そこに「3・11」の大震災が起きた。

神戸市消防の隊員は、緊急消防援助隊の一員としてすぐに東北へ応援に出かけ、もちろん本の復刊話どころではなくなった。しかし、四月半ばに応援活動も一応終わってから、消防局では、東北での活動についての手記を募り『雪』で掲載、さらに、応援に行った先の宮城県の亘理消防署と南三陸消防署の隊員にも『雪』への手記を寄せてもらった。

こうして月刊の『雪』に四回にわたって掲載されたこれらの手記を読むと、阪神・淡路大震災のときと同じように最前線にいた消防隊員の目を通して震災直後の生々しい状況が伝わってくる。消防隊員の目は、行き着くところ人を救助するためにはどうしたらいいかを念頭に置いて現場を見るプロフェッショナルの目である。その彼らの迷いや悩み、そして悔しさは今後のわれわれの課題でもある。

はたしてこの道を救助のために通過していいものだろうか。もう一度もどって、避難の勧告をすべきだったのか。流された家や瓦礫のなかで救助を求めている人をどうやって探し出すのか。情報がないなかでどの病院にどうやって救急搬送したらいいのか。

なかには自分の家が流され、家族と連絡もとれないままにこうした活動を続けなければならない隊員も数多くいた。

大災害が起き被害の実態が明らかになると、もちろん二度とおきて欲しくないと思う。しかし、自然災害については、どんな形かわからないが必ずこれからもやってくる。それは避けられないことである。

地震についていえば、首都圏直下型をはじめ東海、東南海、南海地震など、近い将来発生が予想される大地震のほか、日本全国いたるところで起きる可能性があり、そうなれば被災は免れない。だから地震にどう備えるか、発生したらどう対処するか、そして少しでも被害を少なくする方策をとることが最重要になってくる。

そのためにどうするかといえば、一つには過去の教訓に学ぶことである。その意味で、災害の現場を知る人、それもプロの目で見た人たちによる証言は残しておくべきではないか。こう考え、再び手記の出版を企画した。

しかし、今回の手記も前回同様もう一つ別の意味がある。それは「公の仕事」とは何かを考えるきっかけを与えてくれることだ。

消防だけでなく自衛隊、警察、公務員、政治家……。こうした本来人のため、社会のために働く仕事とはどういうものなのか、その意義とは何なのか。

阪神大震災の手記の編集にあたっては、当時神戸にあった一一の消防署をまわって、手記を書いた隊員に内容の確認をしながら、同時にそこで書けなかったことや消防隊員になった動機などをきいた。同じように東日本大震災から約八ヵ月後の昨年一一月、亘理消防署、南三陸消防署を訪れ、手記を書いたほとんどの隊員に直接会って話をきいた。庁舎も被災し署員にも犠牲者を出した南三陸消防署は、高台に設置したトレーラーハウスが仮庁舎になっていた。

彼らの半分くらいは阪神大震災後に消防隊員としての仕事についている。「体を動かすのが好きだったから」、「長男でもあり、地元で働きたかった」、「人の役にたつ仕事でもあったし」、「レスキュー隊のオレンジの制服に憧れて」……。消防に入った理由にこうした点を挙げる人が多かった。

だいぶ落ち着いたとはいえ、震災直後の体験は衝撃だったようで、だれもが当時の様子や気持ちを、人によっては心の中を〝消化〟させるように話してくれた。自分が暮らし、火事などあれば守ってきた故郷の街はすっかり姿をかえ、自宅は流され友人や親戚を失った人もいる。もっともつらいのは一緒に仕事をしていた同僚や同じように避難活動にあたっていた消防団員の死だろう。「何度喪服を着ただろうか」という言葉もあった。

消防隊員はいったんことが起きれば、当たり前だが自分や家族のことよりまず消防隊員としての仕事に全力をあげる。いいとか悪いとかではなく、それが仕事だからだ。

消防の主たる仕事は大変だがわかりやすい。災害が発生すればとにかく現場へ行って消火や救助活動をおこなう。危険を伴うのは当たり前だ。そもそも誰が悪いからこんなことになったなどと責任を問うのはあとのことだ。自衛隊も同じだが、今回の原発事故をみればわかるように、まず必要とされる現場があれば行って作業をしなければならない。

それを考えると、原発についていえば、国や電力会社の責任は重い。原発建設や安全管理策を決定するプロセスにおいて、公正な議論ができていなかったという事実は今や疑いのないところだが、それが事故をもたらした、あるいは拡大させた可能性が大であるとすれば、現場へ出向く人間はたまったものではない。

もちろん大変なことばかりではない。大災害を前にした無力感、無念さと共に、誰かを救うことができた達成感や何かの役に立った喜び、感謝されたときの充実感が消防の仕事にはある。福祉の仕事などと同様、だからこそ続けられるのだろう。また今回は、悲惨な現場のなかで消防同士が助け合うことの意義も確認できた。

流された無数の家を前に、行方不明者はいったい何人いるかわからず、寒さのなか限られた人員と機材で立ち向かおうとした被災地の消防隊員にとって、隊列を組んではるか遠くから応援に駆けつけて来てくれた消防車と救急車の隊列を見たとき、どんなに頼もしく思えたか、想像に難くない。

今回の出版を機に、これまで絶版になっていた『もっと多くのいのちを救いたかった　阪神大震災　消防隊員死闘の記』を『炎と瓦礫のなかで　阪神淡路大震災　消防隊員死闘の記』と改め、復刊することになった。ここで記されている神戸の消防隊員の経験をあらためて読めば、災害の形や消防の活動体制のちがい、さらに地域性のちがいなども見えてくる。

近く震災一周年を迎える。現地では、思い出したくないことがたくさんある一方で、語り継がなくてはならないこともたくさんあるだろう。なにを忘れて、なにを記憶にとどめておくべきか、外部の者が軽々に言えることではないだろうが、過去から生かせる教訓があるとすれば、われわれ全体のものとして抱えていきたい。

最後に、個々の手記の執筆者である消防隊員をはじめ、編集にご協力いただいた消防関係者、そして編集者すべての思いとして、震災で亡くなられた方々のご冥福を心からお祈りする。

二〇一二年二月
川井龍介

編者紹介
気仙沼・本吉地域広域行政事務組合　南三陸消防署
〒986-0725　宮城県本吉郡南三陸町志津川字沼田56

亘理地区行政事務組合　亘理消防署
〒989-2351　宮城県亘理郡亘理町字祝田34-2

神戸市消防局
〒650-8570　兵庫県神戸市中央区加納町6-5-1

川井龍介
1956年生まれ、毎日新聞記者などをへてフリーのジャーナリスト、ノンフィクションライター。『阪神大震災　消防隊員死闘の記』、『福祉のしごと』、『老いはバカンス　ホームは休暇村』（旬報社）、『社会を生きるための教科書』（岩波ジュニア新書）、『「十九の春」を探して』、『122対0の青春』（講談社）などの著書がある。

東日本大震災　消防隊員死闘の記
2012年3月5日発行

編　者——南三陸消防署・亘理消防署・神戸市消防局・川井龍介
装　丁——河田　純
発行者——木内洋育
発行所——株式会社 旬報社
〒112-0015　東京都文京区目白台2-14-13
TEL 03-3943-9911　FAX 03-3943-8396
ホームページ　http://www.junposha.com/
印刷製本——シナノ印刷株式会社

 ISBN978-4-8451-1244-9